学びを支える保育環境づくり

～幼稚園・保育園・認定こども園の環境構成～

高山静子　著

もくじ

第3章 幼児期の学びを支える保育環境

第4章 遊びを豊かにする保育環境

第5章 0・1・2歳の学びを支える保育環境

はじめに

豊かな保育環境の世界へようこそ。

乳幼児期の教育では、
子どもの自発的な遊びを「学び」ととらえます。

乳幼児期の子どもは、
大人や学童期の子どもとは異なるユニークな（独自の）存在です。
この時期の子どもは、環境に働きかけ、
遊びという形で、何度も同じ行為を繰り返すことによって、
環境の性質を理解し、環境に合わせて能力を獲得します。

そのため、幼稚園・保育園・認定こども園では、
子どもたちが自発的に環境とかかわりをもち、
豊かな学びを得ることができるように環境を構成します。

本書では、学びを支える環境づくりに取り組む
先進的な保育実践を紹介しています。
第２章とコラムでは、その意味を解説しました。

保育の専門性に裏付けられた
豊かな保育環境の世界をご覧ください。

（注）本書では、「保育」という言葉を「教育」（Education）と
「養護」（Care）を併せ持った機能として用いています。

第1章

保育環境 最前線

子ども、保護者、保育者が幸せになれる保育環境

全国からの見学者が後を絶たない埼玉県の「認定こども園こどものもり」。園内に一歩足を踏み入れた途端、誰もが「わあ、気持ちいい」と感じることでしょう。

「屋外だけでなく室内も含め季節を感じ取れる空間。そして、家庭的なぬくもりがある環境を目指しました」

若盛正城園長先生の言葉どおり、木材を多用した温かい雰囲気の室内、天窓からの自然光や間接照明による採光の工夫、天井が高くて開放的なランチルーム、窓から見える木々の緑

ランチルーム　通称“森のレストラン”。調理室はオープンキッチンで、カウンターの前には可動式のステージ（台）が設置されている。

……等々は、子どもだけでなく保育者や保護者までをも穏やかな気持ちにさせてくれます。

もちろん、このすばらしい環境の原点にあるのは「子どもを中心とした保育」の理念。活動によってフレキシブルにレイアウトを変えることができる「絵のゾーン」、道具や素材が自由に使える「造形のゾーン」、夏場は窓を開放にしてオープンキッチンになる「クッキングゾーン」など至るところに、子どもたちの「やりたい」という気持ちを育てる工夫が見られます。

園の中心にあるランチルームに3・4・5歳児の異年齢グループが集まってきました。ビュッフェスタイルのお昼ご飯の始まりです。BGMに流れるのは、オルゴールの美しいメロディー。保育者が指示することなく、子どもたちは自分が食べられる量を調整し、ランチを食べています。

「子どもたちが、ゆっくりゆっくり、やってみたくなる環境を実践していると、子どもたちの"居方・在り方"が変わってきます」(若盛先生)

ゆっくりとやってみたくなる環境

園庭　気持ちのいい木陰に集まって、子どもたちは虫の観察やシャボン玉など、遊びながら興味・関心を深めている。

造形のゾーン
子どもたちの気持ちが動いたときすぐ製作にとりかかれるよう、造形の道具や素材が準備されている。

虫と出会うしかけ
虫めがね、昆虫採集の道具、ダンゴムシの巣、セミの抜け殻ケースなど、虫にまつわるあれこれが、子どもたちの興味・関心を刺激。

和室
食事の後に「畳でゴロゴロ」することもできるという。日本の伝統文化やスタイルも大切にして、子どもたちに伝えている。

園庭用の玩具
園庭でのごっこ遊びの道具は、原色の玩具ではなく、インテリアや雑貨のお店で本物をセレクト。遊びが広がる。

クッキングゾーン
畑で採れた野菜を洗ったり、料理をしたり、片づけをしたり。開放的なキッチンで多くのことを学ぶ。

絵本のゾーン
窓から木漏れ日が差し込む落ち着いた空間。静かに絵本を読みたいという気持ちにさせられる。

さくらルーム（会議室）

子どもは立ち入り禁止の大人のための空間。窓からは桜の木が顔をのぞかせている。まるで軽井沢の別荘のような雰囲気。

穏やかな笑顔になる環境

大人用のテーブル

ランチルームには大人用の大きなテーブルといすも用意されている。保育者はローテーションを組んで、ここでランチをとることも。

センスのいい美しい飾り

子どもだましではない、センスのいいインテリアや飾りがそこかしこに見られる。美しさと調和を大事にした空間づくり。

木陰のベンチ

大きな栗の木の下に置かれたベンチ。ここで絵本の読み聞かせをすることもできる。

オープンテラス

クッキングコーナーから続く園庭カフェ。トウモロコシの皮むきなどクッキングの準備もできる。

子育てが楽しくなる環境

玄関へのアプローチ 表門をくぐって園内に足を踏み入れると、そこには穏やかな“気”が流れている。ベンチで小休止して、保護者も気分転換。

光が差し込む廊下
忙しい保護者も、気持ちが穏やかになる空間。質の高い保育環境をつくれば、それはそのまま保護者の支援につながる。

玄関
木のぬくもりがやさしく包み込んでくれる玄関。子どもたちの姿を映したデジタルフォトフレームも保護者にとってありがたいアイテム。

玄関ホール
子どもを待ったり、保育者とやりとりをしたりする玄関ホール。随所に、かかわりの生まれるしかけが、埋め込まれている。

多様性を尊重する保育環境

幼稚園、保育園、認定こども園の教育は、人が尊重される社会、平和な社会の形成者となる人間の育成を目指して行う必要があります。

誰もが、幸せに生きることが出来る社会をつくりたいと願うのであれば、教育の場もそういった場になる必要があるのではないでしょうか。

「誰が一番早いかな～」「〇〇ちゃん、間違い～」などといわれた子どもたちは、遅い子どもや人と違うことを、悪いことだと考えるようになるかもしれません。差別や排除の姿勢を身につけてしまう可能性もあります。

ながかみ保育園は、自発的

造形コーナーでは毛糸遊びがスタート

冬の定番、毛糸遊びがスタート。やりたい子どもは、自分で毛糸を家から持参して参加する。

な活動を中心にし、自律的に子どもが行動できる環境をつくっています。そのため心身の障がいがあることや、個性の強さは問題になりません。

保育者は、それぞれが自分の強みを生かしてコーナーや生活を担当し、子どもたちの多様な個性や能力を伸ばすことができる活動を準備します。保育者から子どもに提供する文化も本物を選び、意図をもち、時期を見計らって提供されます。

ゆったりとした時間は、大人も子どももそれぞれの人格と個性を大切にするゆとりを与えています。

自発的な活動とともに、集団の活動も発達に合わせて取り入れ、個と集団の活動のバランスも考えられています。

ながかみ保育園では、このようなホリスティックなアプローチによって、誰もが大切にされる園を実現しています。

子どもと大人 それぞれの人格と個性が 大切にされる

保育者の特技を生かした遊びのコーナー

保育者は自分の得意分野のコーナーを担当。この日は、泥だんごコーナー、毛糸遊びコーナー、粘土造形コーナーなどが開かれていた。

園庭の一角に設けられたファンタジーのコーナー

絵本や物語の世界を具現化したファンタジーのコーナー。手作りのお面を頭につけて、物語の世界で遊ぶ。

子育て支援の親子も園児と一緒に遊ぶ

1か月に約800人の親子が参加する子育て支援広場。在園児と分け隔てなく遊べる環境。

保育者も一緒に参加する縄跳び月間

縄跳びカードに自分で目標を立てて縄跳びに挑戦する。たっぷりと挑戦する時間があるから1000回跳べる子どもも出る。

多様な大人のまなざしに守られる

子育て支援を利用する ママやパパも保育者のよう

子育て支援を利用している保護者も、在園幼児たちと話をしたり遊んだりしている。分断されていない環境だからこそ、子どもは多様な大人とかかわる経験が得られる。

キッチンスタッフと戯れる子どもたち

保育者だけでなく、キッチンスタッフや事務スタッフなど園で働く大人全員が子どもたちを見守り、それぞれ手が空いたときはかかわりを持つようにしている。

事務職員の「けいこさん」は園に欠かせない存在

子どもたちだけでなく、保育者や子育て支援の利用者にも心配り、目配りをしている事務職員の「けいこさん」。大人からも子どもからも頼られている存在だ。

用務のスタッフと一緒にランチ

子どもたちは各自が好きなテーブルで昼食を食べる。職員も同じ時間に、子どもたちと一緒にランチをいただく。

子どもを信じて待つ

当番も大人も一緒に 小さい子どもの食事をサポート

誰に指図されることなく、てきぱきと動く当番の子ども（年長児）。1歳の子どもを尊重して、丁寧にかかわっている。

誰もが大切にされるあたたかい食事風景

ランチルームでの食事は、準備のできた子どもが自分の意思でやってくる。障がいがある子も自分のペースで行動する。

席が空くのを待つ子どもに語りかける食事当番

当番は「セリフ」が決まっているわけではない。自分で状況に応じて柔軟に判断し行動している。

自分のペースで寄り道しながら食堂へ向かう

ランチルームへ向かう途中、玄関の掲示物に興味を持ってしばらく動かない子どもたち。保育者はむやみに声をかけることなく待っている。

障がいがあっても、なくても年長になると当番を担当する

食事の準備と同時に2階のホールでは、当番が昼寝用の布団を敷き始める。終了後は円陣を組んで、自主的な反省会が行われる。

0歳児クラスの部屋のドアはオープン

0歳児クラスも子育て広場も、ドアは常にオープン。乳児さんはハイハイしながら、自由に動くことができる。

新しい時代の幼児教育

今、教育の世界では新しい能力観に注目が集まっています。そのひとつに「キー・コンピテンシー」という概念があります。これはOECD（経済協力開発機構）により開発された指標で、どんな仕事に就いても、地域でも家庭でも能力を発揮して幸せに生き、社会にも貢献する人が持つ能力で、次の3つにまとめられました。

1 自律的に行動する。
2 異質な立場の人と協同的にかかわる。
3 言葉や技術などを状況に応じて使う。

日本の教育は、今このような新しい能力を育む方向へと変わろうとしています。幼児教育において育みたい資質・能力は「知識・技能の基礎」「思考力・判断力・表現力の基礎」「学びに向かう力・人間性等」とまとめられました。

「やりたい」を実現できる場、空間、モノ、時間

活用性の高い空間

回廊デッキは子どもの発想でさまざまな遊びの場に変わる。用途が決められていない空間では、オープンエンド（終わりが決まっていない）の活動が広がる。

あんず幼稚園は、このような新しい能力を着実に育む環境を準備しています。例えば、保育室や園庭の空間は、開放的で、子どもが遊ぶ場も、遊ぶ内容も自分で決めることができます。遊びの素材は、紙やダンボールや木切れなど、子どもが創造的に考えて遊びに必要なものを作ることができる素材を準備しています。クラスの集団はゆるやかであり、遊びの時間はクラスを超えて遊びます。保育者は、子どもたちが主体的に豊かな活動を展開できるように、テープの使い方、くぎの打ち方など、必要な知識や技術を、一斉活動の中で計画的に子どもに伝えています。

確かな幼児教育を支える自由と秩序のバランスがとれた時間と空間と人の環境が、ここにはありました。

いすにも机にも台にもなる汎用性の高いオリジナル家具。

製作の時間には、机にもなる。子どもの背丈にちょうどいい。

汎用性の高い素材

牛乳パック、空き容器、空き箱、新聞紙、布の切れ端、小さな紙、トイレットペーパー芯などの廃材を常時ストック。子どもが「やりたい」と思ったとき、すぐ製作に取りかかれる。

作りたいときが作りどき。素材棚から好きな素材を取り出し、製作に取り組む。

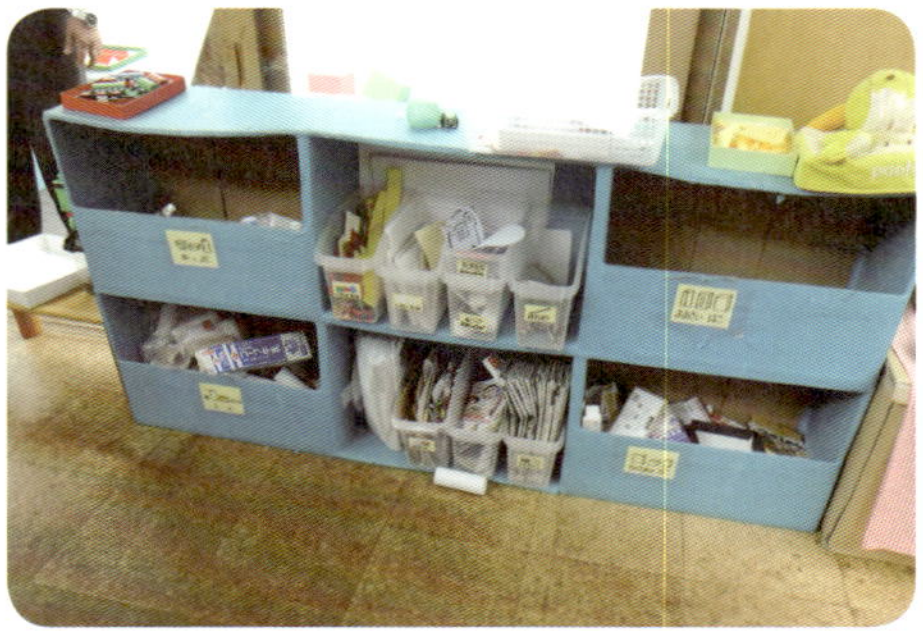

ダンボール箱を利用して保育者が作った素材棚。新聞紙や空き箱、紙切れなど、子どもがいつでも好きに使える素材がストックされている。

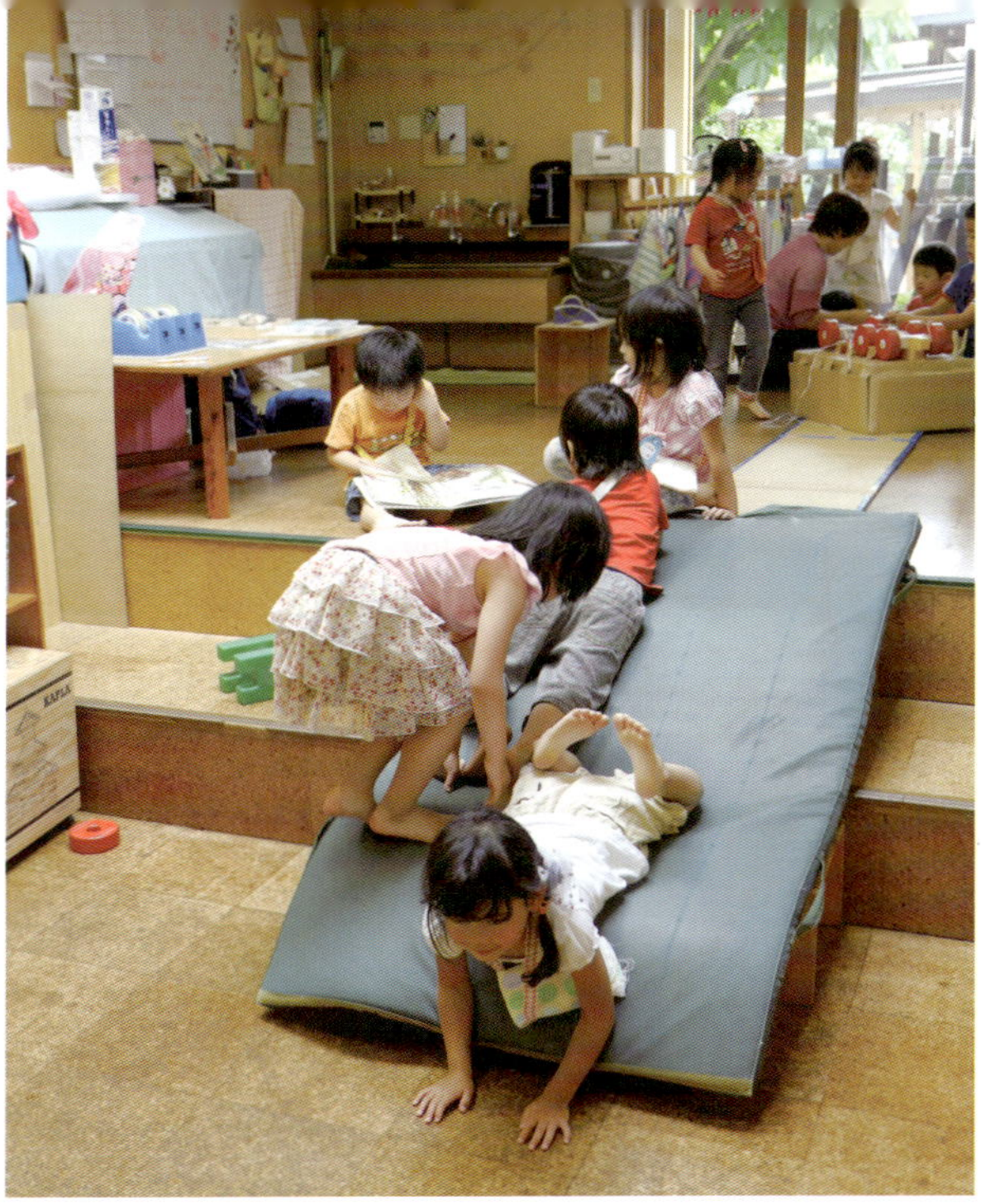

自分で選択し主体的に動く

自分で空間を変えられる

保育室内の棚やいすなどの家具やマットレスなど、子どもたちは、自分で運び込んだり、動かしたりして遊びに必要な空間をつくることができる。子どもたちの選択で、空間までも変えることのできる自在な環境。

ジェットコースターを作る子どもたち（後ろ）とそのコースを作ってすべる子どもたち（前）。

自分で選択できる

子どもたちが自分の意思で選べる、決められるような仕掛けが随所に見られる。保育者は子どもの気持ちに寄り添い、見守りながら必要なときにサポート。

自分たちの遊びの環境を自分たちの手で作る年長さん。保育者の見守る中、トンカチも使う。

年少さんだけの専用園庭では、裸足でも靴を履いてもOK。子どもが好きなほうを自分で選ぶことができる。

畑は園庭のすぐ脇にあるので、自分の決めたタイミングで植物の世話をすることができる。

子どもたちが自由に行き来できる3つの園庭には、それぞれに専任の保育者を配置。人的環境を整えることで、子どもの意思が発揮できる。

年長さんの活動に取り入れた「協同学習」

みんなで考えながら作る

ダンボールを使った大きな製作物や遊びに必要なものを、みんなで考えながら作る環境が整う。保育者は、子どもたちの話し合いを見守り、サポートする。

「ジェットコースターであそびたい」という、ある子どもの提案に乗った子どもたちが、話し合いながらコースター作りに挑戦。

大きなダンボールを使って、みんなで作ったお化け屋敷。天井に黒いビニールを張るなど、暗くするための工夫が見られる。

5/24 おもちゃづくりめいじんがくるよ?
ぱっちん
えんばん
こま

活動のきっかけは「おもちゃづくりめいじん」の掲示。こま、えんばん、ぱっちんの作り方を、おもちゃ作り名人（変装した保育者）が教えてくれるという内容。

おもちゃ作りを習ってきたら、グループに戻って「伝え合い」の時間。実際にやって見せたり、言葉で表現したりしながら、ほかの子どもにおもちゃの作り方を教える。

協同的な学びの手法 ジグソー法

6名のグループから2名ずつが担当

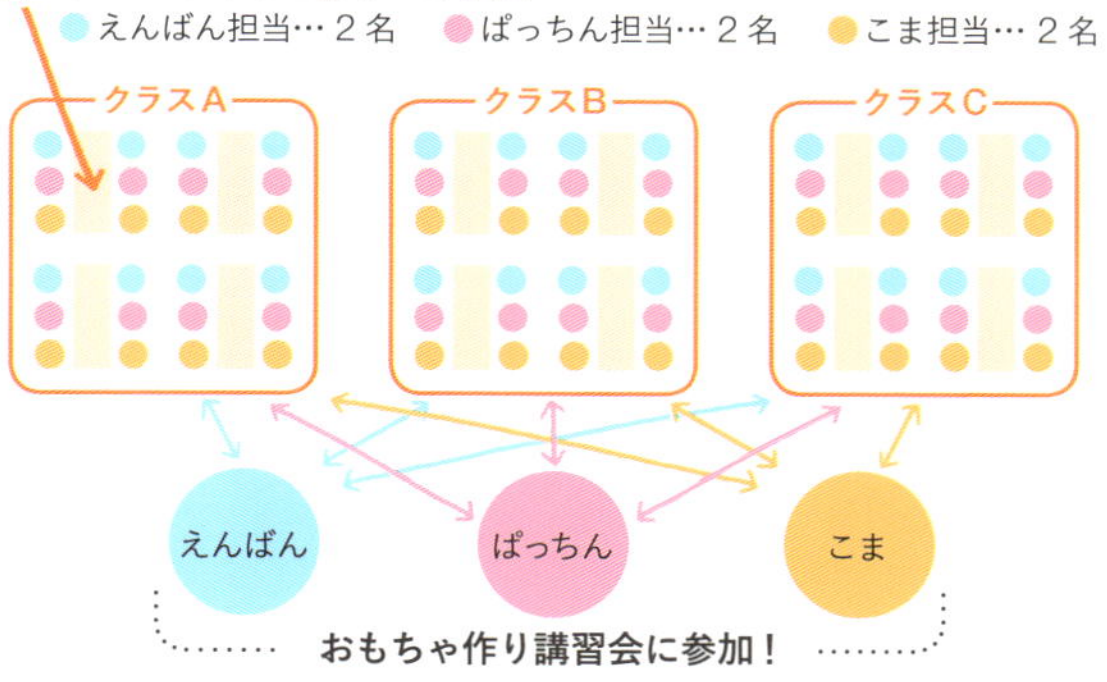
えんばん担当…２名
ぱっちん担当…２名
こま担当…２名
クラスA
クラスB
クラスC
えんばん
ぱっちん
こま
おもちゃ作り講習会に参加！

6名からなる生活グループの中から、2名ずつがそれぞれ、こま、えんばん、ぱっちんのおもちゃ作り講習会に参加します。子どもたちは、3つのおもちゃすべてを作りたいと思いますが、講習会は、同日同時間に開催されるため、どれかひとつにしか参加することができません。そこで、習ったことをグループに持ち帰り、それぞれが教わったことを「伝え合う」ことができれば、グループの全員が、こま、えんばん、ぱっちんの作り方を学べるという仕組み。中学や高校で行われている「協同学習」の手法のひとつです。幼児期では「先生役」をすることの誇りや、言葉で伝える難しさも体験できます。

言葉で説明する仕組みがある

おもちゃ作りを習った子どもが、ほかの子どもに「作り方を伝える」という協同学習の仕組みを取り入れ、子どもが必然的に言葉で説明する機会をつくっている。

6名のグループに分かれて、それぞれグループごとに「伝え合い」が行われる。保育者は子どもたちの様子（理解度や表現力など）を記録。

子どもが生活の主役＝《イコール》自律を育む保育環境

自分で考え、選択し、行動する。

そんな子どもたちの「自律」する力を引き出すためには、時間的環境、人的環境、物的環境の3要素が必要になります。時間的環境で大切なことは、ゆったりとした時間が流れているかどうか。余裕のないスケジュールを組んでいると、それをこなすことで頭がいっぱいになり、子どもに指示ばかり出してしまう可能性があります。人的環境では、子どもとの信頼関係が重要です。保育者が子どもを信頼し、まずはまかせて様子を見るなどして、見守ることができれば、子どもは安心して自律的に動くことができます。そして物的環境は、子どもが自発的に動きやすいように、ちょっとした仕掛けを保育者が準備しておきます。

子どもが主体的に動ける環境

イスが収納されている引き出しを保育者が出しておくと、子どもたちが自分でイスを取り出し、好きな場所にセットする。

食事の準備

台所（調理室）の窓口は、子どもとやりとりがしやすい高さになっている。ワゴンの高さも子どもたちに合わせているので、子どもたちだけで昼食を運ぶ。

和光保育園には、この3要素が揃っています。驚くのは、2歳児クラスに上がったばかりの子どもが、自ら決めた時間に食事をとり、着替え、布団を敷き、午睡をする様子。その間、保育者の指示も大声もなく、生活が進んでいきます。

「こんなに自由にさせて小学校で大丈夫?」と心配する人がいるかもしれません。けれど、小学校以降で求められる能力は、課題を解決するために必要な思考力、判断力、表現力、主体的に行動する能力で、これらが学力として評価される時代になってきています。つまり、幼児期に育むべき能力は、先生にいわれるとおりに行動する力ではなく、自分で状況をとらえ行動する能力なのです。

「保育者が子ども一人ひとりをよく見て、その子の力がわかっていれば、信頼してまかせることができます。お互いをわかり合いながら、生活の中で関係性を積み上げていくことが大切」(鈴木眞廣園長先生)

子どもが主役の生活を意識すれば、子どもの自律を促す環境の在り方が見えてきます。

そうじ

時間がくると誰からともなく、廊下の雑巾がけを始める。保育者の指示する声は聞こえない。

雑巾がけをする子どももいれば、テーブルセッティングをする子どももいる。

生活

午睡の布団は上の写真のように子どもが扱いやすい場所に準備。こうしておけば、2歳児でも自分たちで布団を敷く。

子どもの手の届く高さに予備のトイレットペーパーを設置。個室のペーパーがきれたら、自分で補充。

自分でできることを増やすには用品選びが大切。大きな引き出しなら1歳でも片づけやすい。

和光保育園では、その日の一番気持ちの良い所を自分たちで選んで、昼食を食べることができる。食べ始める時間も（決められた範囲内で）自分で決める。

配膳

年中クラスではエプロン当番（任意）が配膳を担当。分量を話し合いながらお皿に盛りつけていく。

卒園間近の子どもたちは、お弁当箱にご飯を詰めリュックに入れ、園内の好きな場所でスペシャルランチをとることができる。

年少クラスでは、自分で食べられる分を自分でよそう。

食事

お天気がいいので外のテラスで食事することに決定。机をみんなで運ぶ。

時間内であれば、自分の決めたタイミングで食事をとることができる。おなかがすいている子どもはご飯を食べ、遊び足りない子どもは遊びを続けている。

絵本をテーマにしたプロジェクト保育

幼児教育では、対話的で協同的な学びの方法が広がっています。テーマ保育、プロジェクト、ピラミッド・メソッドなど呼び名はさまざまです。

日野の森こども園では、絵本を子どもの共通体験とし、テーマを持った活動を行っています。

各クラスでは絵本をきっかけに始まったごっこ遊びが、日々進化し続けながら展開しています。にじクラスは、『げんきなマドレーヌ』『まゆとかっぱ』などの絵本が遊びの原点。『でた！かっぱおやじ』のかっぱおやじから届いた手紙に「今、フランスにいる」と書いてあったことから、子どもたちの興味が一気にフランスに集中。フランスをテーマにしたごっこ遊びへつながっていきました。エッフェル塔や凱旋門が立ち並ぶ隣で、パン屋さんごっこに興じています。

一方、そらクラスの遊びのきっかけは、『ジャックと豆の木』。毛糸などで

絵本から展開するごっこ遊び

げんきなマドレーヌ
『げんきなマドレーヌ』、『からすのパンやさん』などの絵本から、遊びが広がり、フランスの国旗を掲げたパン屋さん、海賊船へと発展。

店番とパン職人の役割を交代しながら楽しんでいる。

「にじいろベーカリー」開店。お会計は「ユーロでお願いします！」。

『せかいちず絵本』や、写真を参考にしながら、みんなで作った凱旋門とエッフェル塔は、迫力満点。

作った天高く伸びる豆の木が、保育室をにぎやかに彩っています。そして、ひかりクラスの保育室は、『ヘンゼルとグレーテル』の世界が展開。どのクラスも空間全体を使って、子どもたちは遊びを発展、継続させています。

驚くのは、子どもたちが遊びのきっかけとなった絵本に出会ったのが、年度始めの4月ということ。保育者に読んでもらった絵本の遊びが、1月下旬までずっと続いているのです。

なぜ、これほど遊びが継続するのでしょうか。それは、造形や音楽表現、ごっこ遊びや栽培など、子どもの活動の広がりを想定して保育者が絵本を選んでいるから。絵本を子どもの共通体験として大切に考えている保育の姿勢がうかがえます。

また、「ごっこ遊びはスピード感が大切」とおっしゃる瀧薫園長先生の言葉どおり、子どもたちが興味を持ったその瞬間、すぐに遊びを始めることができるよう、素材や教材をたっぷりと準備していることも大切な環境のポイントです。

4月の絵本から始まる子どもたちの遊びの展開を長期的なプロジェクトとしてとらえた保育環境が、日野の森こども園の子どもたちの豊かな遊びを支えているのです。

ジャックと豆の木
床、壁、天井、空間をダイナミックに活用している『ジャックと豆の木』の部屋。

絵本

この園では、子どもに手渡す文化として絵本をとらえている。幼児期は、現実と空想の世界を行き来することができる貴重な年代。読み聞かせの中で子どもたちの反応を見てつぶやきを拾っていく。遊びが広がりやすい絵本は、主人公が魅力的であるもの、造形作品につながりやすいものなど。絵本棚には、テーマに関連した本や図鑑を保育者が加え、子どもの興味や関心が広がるように心がけている。

ヘンゼルとグレーテル
お菓子の家をイメージしながら造形遊びに発展。

絵本の選び方がポイント！

絵本や文化が遊びのきっかけ

子どもたちの遊びを引き出すきっかけになる絵本や写真などを、子どもたちの遊びの広がりを見ながら選択＆準備し、提供する。

×《かける》 絵本など文化の選択

＝《イコール》

子どもの生活と遊びの充実

絵本『げんきなマドレーヌ』から始まった

ごっこ遊びが発展していき、ついには海賊船ごっこにまで広がっていった。

室内・園庭 環境の充実

園長の瀧薫先生は、子どもの発達と「保育所保育指針」に基づいた絵本選びについて解説した本『保育と絵本―発達の道すじにそった絵本の選び方』（エイデル研究所）の著者。

人的環境 保育者

笑顔で保育者が見守ってくれるだけで、子どもたちは幸せな気持ちになれる。この安心感があってこそ、子どもたちの豊かな発想が生まれる。子どもと一緒に考えたり、問いかけたり、不思議がったりすることが大切。

遊びの世界を一緒になって楽しむ保育者が加わると、子どもたちはますます真剣に遊ぶ。

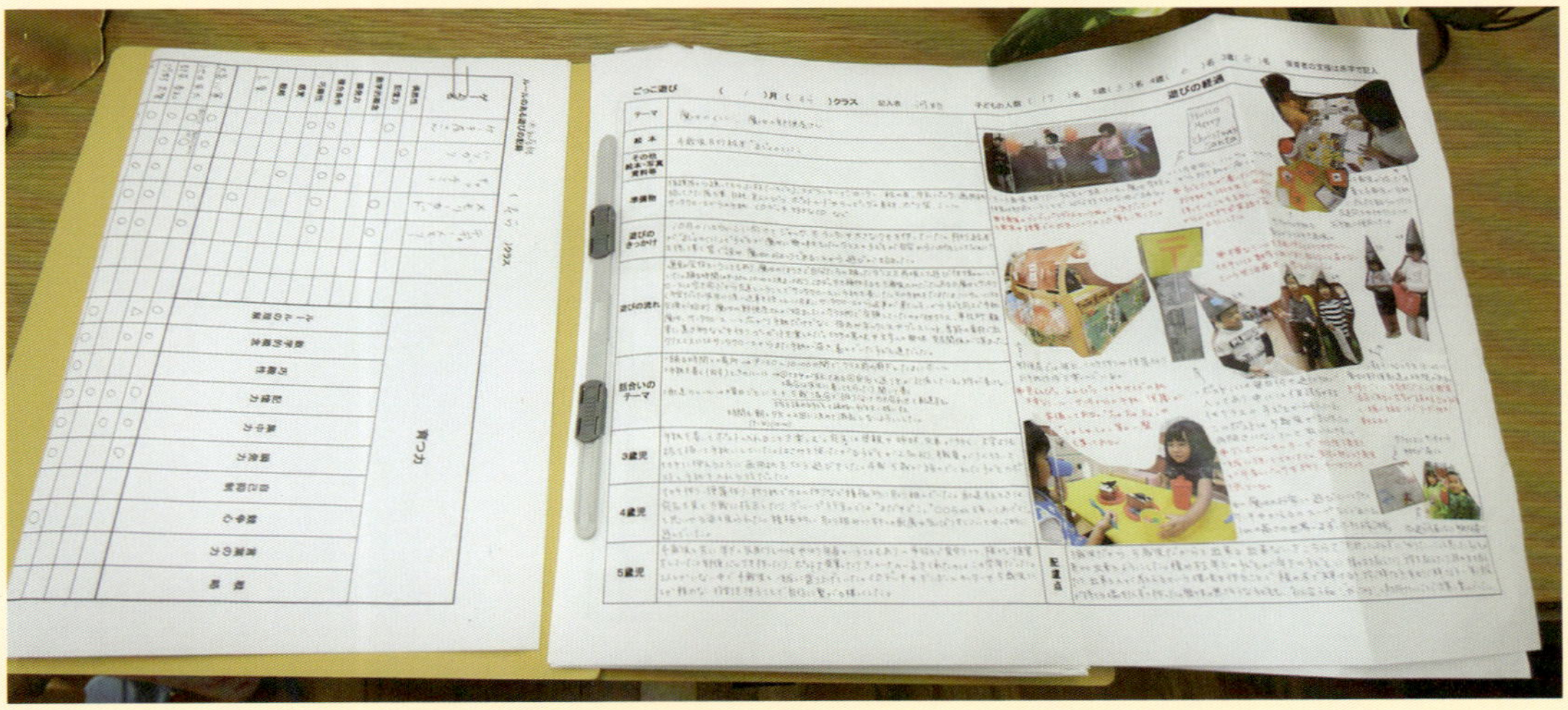

専門性の証 ポートフォリオ

子どもの遊びの経過や子どもの「つぶやき」などが詳細に記録されたポートフォリオ。保育者の子どもへのまなざしを深め保育者間での共有化を図る。

物的環境 教材・素材・道具

「天まで伸びる豆の木があったらいいな」と、子どもがつぶやいてから、「緑色の毛糸を買いに行こう」では遅いことも。自然物、造形素材（紙、布、ひも、廃材など）と道具、素材的な玩具などを用意し、子どもたちがいつでも使えるようにしておくことが大切。

多様な素材が用意されていると、子どもたちの表現力はますます豊かになっていく。

ひとりの空間

遊びに入らない子どもや、遊びに入りたくないときもある。協同的な活動が多くあるからこそ「ひとりになれる空間」を準備することも必要。静かな場所で、誰にも邪魔されることなく、自分の世界を持てると、遊びの世界も深まる。

廊下の隅にあるひとりで遊べる空間。

自然と身体感覚を重視した環境

沖縄・南城市にある「あおぞら保育園・あおぞら第2保育園」では、子どもが自然と人間との中で育つことによって、子ども自身が本来持つ力を伸ばし、子ども時代を子どもとしてゆっくりと生きることを大切にしています。

園庭や保育室には、子どもを自然と人間との中で育てよう、本物の文化と出会わせようといった保育者の思いが感じられます。

また、絵本、歌、リズム運動、描画や造形活動など、教材として選ばれているものには専門性の裏づけがありました。

家庭や地域では体験できない経験を優先し、子どもの発達段階に合ったものを選び、保育の専門家として子どもの文化を提供する姿勢が見られます。

この園の環境には、子どもをひとりの人間として見つめる深いまなざし

園庭には、集団遊びができる平らな地面や、斜面、でこぼこ、子どもの回遊を促したり止めたりする工夫など、多様な空間が意図的に組み込まれている。砂・土・水・泥・草・木などの自然物も意図的に配置。遊びの中で、思い切り体を動かし、さまざまな学びが得られる環境。

感覚を統合し粘り強い体を育むリズム

家庭や地域で減少した運動量をカバーできる活動量の多いリズムを選択。「さくら・さくらんぼ保育の」斎藤公子先生のリズムは感覚統合理論とも合致し、障がい児の療育でも注目されている。一人ひとりの発達に合わせて行うことがポイント。

が感じられます。また専門的な環境づくりの背景には、学び続ける園長と保育者の姿勢がありました。

　さらに、園庭でも室内でも、子どもの発達に合わせて、主体的な遊びと保育者が主導する集団の活動とが、とてもバランス良く組み入れられていました。

　特に年長児では、粘り強さが必要な活動を選択していることが特徴的です。

開放的な室外やテラスでの昼食

木のお皿など食器も自然の素材を使用。子どもが準備しやすいように配膳台を配置。

多様な体験を想定した園庭

園で飼っているヤギに子ヤギが生まれた。お世話をするのは年長さん。

ルソーが「エミール」で描いた世界

子ども時代の主人公は子ども

自然と人間との中で育つ

保育では、文化をつくりあげてきた人間の進化の過程を体験することができる。地域で遊ぶ子どもの姿がなくなった現代では、自然と人間との中で育つことを園で保障する必要がある。

摘める草花を園庭には準備。

みんなで土砂運び。砂場の整備も遊びのひとつ。

体験を土台にした表現

体験を土台に表現された、子どもたちのすばらしい絵。指先の巧みな動きと、粘り強さが絵に表れている。

こま回し、まりつき、縄跳びなど、子どもの文化を伝承。

本物と出会う、本物で育つ

子どもが出会うものは、本物を選択。その場限りのお楽しみの活動ではなく、地域の伝統文化の伝承、子どもの発達に合っている、子ども自身が必要性を感じているなど、保育のプロとしての根拠がある「本物」が選ばれている。

シーサーのお面やたこ作りも本格的。

運動環境の工夫。登りやすい木がある。

傾斜のある原っぱがあれば、自然に子どもは転がって遊び出す。

感覚と運動を重視する

ルソーは、「人間の最初の理性は感覚的理性である。その感覚的理性こそが、知的な理性の基礎をなしているのだ。われわれの最初の哲学の先生は、われわれの足であり、手であり、目である」といっている。この園には室内にも園庭にも、感覚と運動を育む工夫が施されている。

自分で染めて縫って、ヒモを編んだ「道具入れ」。縄跳びも自分で編む。

調和した色彩環境

東京のオルト保育園は、イタリアのレッジョ・エミリアの保育を学び、園舎設計やデザイン、家具、保育の内容に取り入れています。色彩と光を環境構成にうまく用いて、淡い緑や黄色、水色、オレンジ、クリーム色など、いわゆるニュアンスカラーがグラデーションで配色されています。そのため、明るく洗練され、なおかつ心地よい雰囲気をつくり出しています。

　子どもの感性は、乳幼児期に多様な色と美しい色の組み合わせに出会うことで育ちます。また、色彩のセンスは、8歳頃までに見ていた色彩に強い影響を受けるといいます。

　原色ばかりを目にする子どもは、味の濃い限られた食品をくり返し食べるようなもの。わずか、ほのか、かすかに気づく豊かな感性を育てたいもの

窓ガラスに施された淡いカラーに注目　自然光がやさしく降り注ぐ、3・4歳児のためのランチルーム「トラットリア」。

です。

イタリア語で「菜園」を意味するオルト保育園では、その名前にちなんで、保育室も「ひ」「みず」「つち」と名付けられ、植物の育ちをテーマに繊細な色のグラデーションで家具などを配置しています。

そして、感性を育てる環境としてもうひとつ注目したいのが、アトリエと美術専門家の存在です。

アトリエに並ぶ素材と道具の充実度には目を見張るものがあり、子どもたちがいつでも創作活動に取り組める環境が整えられています。作品の展示手法にも工夫が見られ、作品が完成するまでのプロセスを追ったドキュメンテーションからは、子どもたちの発見や驚きが、伝わります。

芸術の専門家の力を借りることで、多様な経験を子どもたちに保障し、保育者も新たな視点やヒントを得ることができます。

オルト保育園の特徴は、多職種のコラボレーションによる環境構成ということができます。

子どもの創造を引き立てる調和した色彩空間

色彩のグラデーションと曲線の流れが心地よい

園の中心にある広場（ホール）から玄関へ向かう廊下。

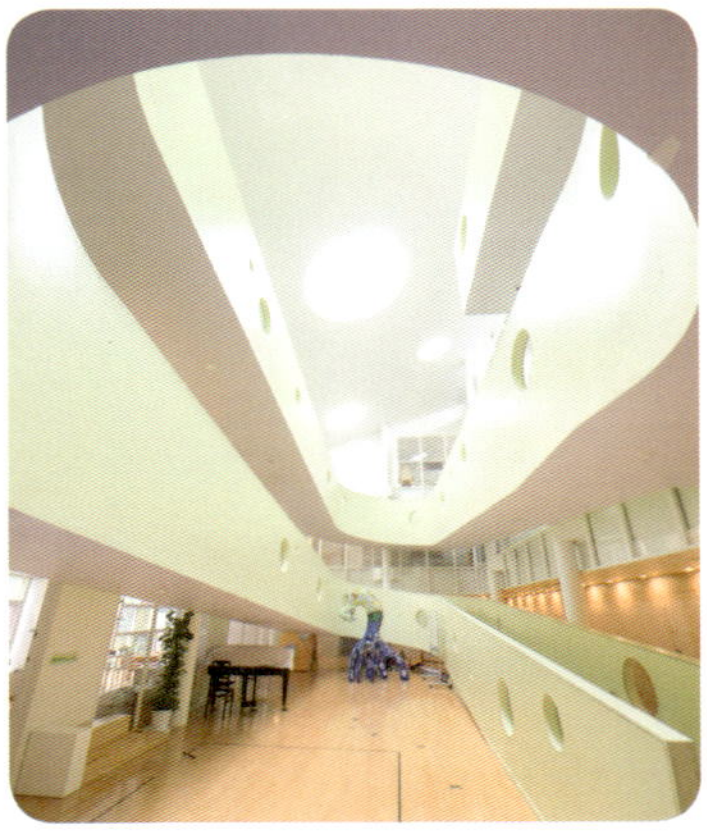

吹き抜けからの自然光とスロープの色が調和

広場を囲む螺旋のスロープは、3階までのすべての室内をつないでいる。

菜園に入るための長靴の色にもセンスあり

テラスの菜園入り口に並ぶ長靴。ちょっとしたことだけれど、色彩のセンスが光る。

クラスのテーマで、空間の色彩をコーディネイト

「みず」がテーマの2歳児室。緑から水色へと微妙に変化する色合いが美しい。

子どもの造形〜子どもたちの作品が環境を彩る

いつでも誰でも使える造形用スモックを用意

子どもが造形活動に集中できるように、共有のスモックを準備。

アトリエの入り口には子どもたちの協同作品を展示

保護者のためにパネルやポートフォリオを展示し、製作のプロセスを伝えている。

専任のアトリエスタがいるアトリエ

専任の芸術保育士がいて、子どもたちの活動をサポート。年長クラスが協同製作をしている傍らで、年中さんが個人製作をすることができる環境。

たっぷりの素材と使いやすい道具

十分な数の自然物や廃材などの素材、絵の具やペンなどの道具が棚に整理されていて使いやすい。

子どもたちの作品を調和的に飾る

3・4・5歳児が運動会のために作ったメダルを広場の壁に展示。小さい子どもが憧れのまなざしで眺めているのが印象的。

都心の園でも自然を豊かに

豊かな自然環境は、子どもの育ちに欠かすことができません。都市化が進み、地域や家庭から自然が失われつつある今だからこそ、保育室に、さまざまな形で「自然」を取り入れる必要があります。まちの保育園六本木は、都会の高層ビルの中にありながら、保育室に自然の素材を多く取り入れ、温かく居心地のよい空間をつくり出しています。室内の飾りにも、子どもが、自然に関心を持ち気づくことが意識された物が飾られています。

保育者が自然体験を意識することによって、子どもの自然体験は変わります。都心であっても、公園での自然体験、雨の日体験、ベランダや畑の体験、給食の野菜に触れるなど、自然を意識した実践が行われていました。

大都会のビルの中でも、自然環境を取り入れることは可能

まちのガーデン

子ども同士、親同士が交流でき、子育てに関する情報交換の場として地域に開かれたコミュニティーガーデン。子どもたちの菜園もある。

高層ビル内の自然環境

大都会の高層ビルにあるとは思えないような保育環境。自然を取り入れる工夫と実践からは、多くのヒントが得られる。

植物を育てたり、観葉植物を置く

テラスでは、プランターでトマトやバジルなどを栽培。子どもたちは「大きくなったかな？」と、その生長を楽しみにしている。収穫野菜は、みんなで少しずつ「いただきます」。

遊びの素材が十分に用意されていれば、子どもは観葉植物にいたずらはしない。観葉植物がひとつあるだけで、子どもだけでなく保護者の気持ちも和らぐもの。

子どもたちのロッカーも自然素材を活用。これだけでも、保育室の雰囲気が柔らかくなる。

玄関に設けられた「くつろぎのスペース」。木のベンチやいす、煉瓦の壁、美しい自然の写真集などに囲まれ、保護者もほっとひと息。

自然素材のものを選ぶ

職員全員で柿渋を塗って作った手作りの棚。エントランスホールと保育室の仕切りにもなっている。人工素材では得られない質感と存在感は、とても温かい。

季節の野菜や果物に触れる

野菜や果物は、季節を感じることのできる最も身近な“自然”。

地域とのつながり

保育園の入り口にある小さなカフェ。保育の一環として地域交流を積極的に図っている。

本物のセミの抜け殻も飾りになる。

野菜や果物なども自然物として空間を彩る。

自然物の飾り

保育室の飾りには自然物や自然素材のものを活用。これだけでも、保育空間が和やかな雰囲気になる。

自然をテーマにした写真集を玄関に飾るだけでも雰囲気が変わる。

自然を感じる保育空間

保育室の内装は、木や石、レンガなど自然に近い素材を選んでいる。

保育の空間のあちらこちらに、グリーンなどの自然物をレイアウト。

1歳児クラスの保育室。

2歳児クラスの保育室。

COLUMN TAKAYAMA's eye

学びを支える保育実践の共通点

第1章で紹介した保育環境には、学びの環境としての共通点があります。

1つ目は、**子どもが安心できる環境**を準備していることです。どの園でも、子どもが状況を自分で判断し自分で行動を決める、自律的に行動できる環境がつくられていました。

2つ目は、**多様性を尊重できる環境**です。

生活の場面にも、遊びの場面にも、一人ひとりの違いを受けとめる仕組みがありました。時間の環境は、ゆとりがあり、個人差があることが問題になりません。異年齢での活動の時間が意図的に置かれ、子どもがほかの子どもを見て学ぶことができるように配慮されていました。個の学びと、協同の学びが準備され、両方の学びを重視していることも特徴的です。

3つ目は、**子どもの活動が継続的に考えられていること**です。子どもたちの活動は、日替わりメニューではなく、数週間から数か月の継続的な活動としてとらえられています。活動の内容は、子どもだましの課題などではなく、真正の課題であり、必要感に基づく学びが組まれていました。

4つ目は、**試行錯誤ができる環境**、失敗ができる環境があることです。机に座らせて保育者の指示どおりに製作をすれば、失敗や試行錯誤の体験はできません。紹介した園では、むしろ失敗や試行錯誤ができるように、挑戦的で探求する課題に子どもが取り組み、保育者が試行錯誤を見守っていることが特徴的でした。失敗と試行錯誤ができる環境として、可塑性のある積み木や砂のような素材を優先的に選ぶ園もありました。人生の中では失敗や問題はつきものです。子どもが人生を生き抜くためには、失敗から立ち直る、リジリエンス（跳ね返す力）を持つことが不可欠です。

5つ目は、**創造的でオープンエンドな活動**であることでした。保育者は活動を予測して環境を準備していても、活動の内容は子どもたちが創造性を発揮するほどに保育者が予想しなかった方向へと広がります。保育者は子どもの言葉を拾い、子どもたちとともに環境をつくっていきます。

このように、乳幼児期の学びを支援する環境には、①安心、自律的に行動できる環境、②多様性の尊重、③継続的な活動、④挑戦し探求し試行錯誤や失敗が体験できる、⑤創造的でオープンエンドな活動、以上5つの特徴があります。

保育者の共通点としては、**「子どもの力を信じていること」**を挙げることができました。

第2章

環境構成で保育が変わる

子どもの育ちを支える保育環境の必要性

保育者が行う環境の構成は、子どもが主体的に活動できるように、子どもが環境とかかわり、豊かな体験を得られるように、行うことを指します。

保育者の思いが込められた園庭で豊かな遊びを展開する子どもたち。川和保育園（神奈川・横浜市）

絵のゾーン、造形のゾーンがひと続きになっている開放的な空間。子どもが好きなことに取り組める遊び場を多様に用意している。認定こども園こどものもり（埼玉・松伏町）

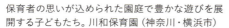

2

保育の環境は子ども観遊び観保育観の表れ

環境の構成には保育者の子ども観、遊び観、保育観が表れます。子どもを幼稚で感性が鈍い存在だととらえ、子どもを楽しませることが保育者の役割だと考えると、遊園地のような保育環境になってしまいます。子どもに指導することが保育者の役割だと考えていると、小学校の教室のような環境になります。

子どもの力を信じる保育者は、環境をつくり、子どもたちが環境に働きかけて遊びを広げることを援助します。

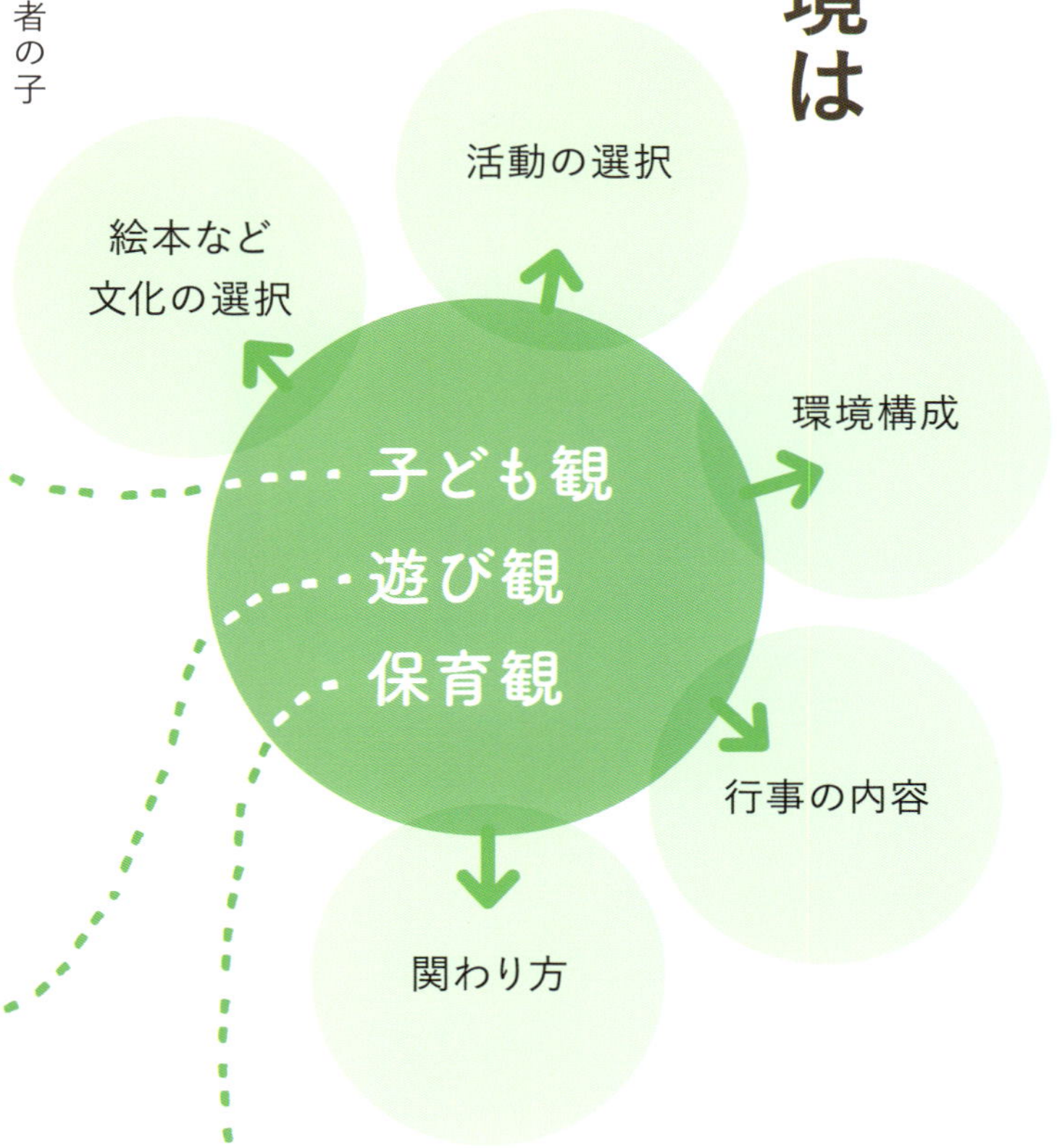
子ども観
遊び観
保育観
活動の選択
絵本など
文化の選択
環境構成
行事の内容
関わり方

子どもは有能な学び手

古い子ども観

子どもは、**環境から刺激を与えられて知識を吸収**する

新しい子ども観

自ら**環境を探求**し**体験の中から意味と内容を構築**する有能な存在

遊びは子ども自身がつくりだすもの

乳幼児期の自発的な遊びは「学び」

「幼児の**自発的な活動としての遊び**は、心身の調和のとれた発達の基礎を培う**重要な学習**であることを考慮して、遊びを通しての指導を中心として（中略）ねらいが総合的に達成されるようにすること」（「幼稚園教育要領 第一章 総則」）

（保育所における教育は）、子どもの生活や「遊びを通して相互に関連を持ちながら、総合的に展開されるものである」

（「保育所保育指針」）

保育者の役割は今と未来の幸福追求の援助

子どもの力を信じ、
子ども自身が、環境に働きかけ、
自ら遊びをつくりだし、
喜びを生み出すことを援助する

↓ ↓ ↓

そのために、保育は**環境を通して**行い、保育者は、**環境を構成**しなければならない。

保育環境を構成する8つの要素

認定こども園こどものもり（埼玉・松伏町）

1 人

人は環境の重要な要素のひとつ。表情、動き方、話し方など、その人が醸し出す雰囲気が場の空気をつくります。保育者の服の色や柄なども、子どもの活動に影響を与えます。

2 自然

屋内でも園庭でも、人工物と自然物の割合、自然物の質と量が子どもの経験を左右します。乳幼児期にはできるだけ多く自然に触れることができるように環境をつくります。

3 物

物は子どもの手の届く場に置かれていることが必要です。準備された遊びの素材の質と量が、子どもの遊びを左右します。

4 情報（刺激の量）

保育室内は色・形・動きや音などの目や耳への刺激が、家庭よりも多くなりがちです。写真はなごみこども園（静岡・浜松市）の乳児クラス。視覚刺激に配慮があります。

認定こども園こどものもり（埼玉・松伏町）

青葉保育園（福岡・那珂川）

5 空間

遊びと睡眠と食事の空間をゆるやかに分け、活動の性質（動か静か）も考慮します。とどまる空間、流れる空間をつくります。

6 時間

一人ひとりの違いに対応できる、ゆとりある時間の環境をつくります。流れのよい日課になっているか、たっぷりと遊ぶ時間があるか、食事の時間や準備、片づけの時間に幅を持たせているか、トイレに随時行けるか……などを考慮します。子どもを待たせる、急がせるのは、時間の環境に問題があるときです。

7 動線

物の配置、空間の構成によって、子どもの動き、保育者の動き、送迎する保護者の動きが変わります。遊びの性質、生活のしやすさを考えて、場を配置します。保育者が子どものまわりを動き回らないように工夫することも必要です。左の写真は、保育者が子どもの視界を考慮して空間の広さと動線を確認している様子。

初倉保育園（静岡・島田市）

8 温度・湿度・空気の質

気温や空気の質は、快・不快の感覚を子どもに与えるだけでなく、健康にも影響します。保育者は、換気に気を配り、空気の質を保つよう心がけることが必要です。

環境構成のヒントは子どもの姿にある

乳幼児の子どもたちは、今伸びようとする力を、遊びの中で繰り返し練習し、確実にその能力を獲得します。たとえば、走ることができるようになる段階の子どもにとっては、走ること自体が楽しい遊びですが、走る能力を獲得すると、むやみやたらに走らなくなります。

保育者は、一人ひとりの子どもの行動を見て、その子が今何を獲得しようとしているのかをとらえ、そのために必要な環境を構成します。

子どもの発達のプロセスがわかっていると、子どもの姿がよく見え、保育室にどんな遊びの素材を用意しておけばいいかがわかります。

子どもの姿から環境をつくる

例1 机に登ろうとする子どもの姿

↓

登る場所づくり

またぐ、乗るなど、足を大きく動かすという運動能力を獲得しようとしている姿です。そこで、段差のある大きなウレタンの積み木やクッションを保育室に用意しました。

和光こども園（静岡・浜松市）

例2 名前シールをはがそうとする子どもの姿

↓

二指を使う道具を用意

指先を使う能力や、ぎゅっと引っぱる力が発達しようとしている段階の姿です。二指を使ってつまんだり、ゴムを引っぱったりするおもちゃなどを用意しました。

和光こども園（静岡・浜松市）

5

環境構成 3つのポイント

ポイント1
子どもの発達に合った環境

ポイント2
さまざまな興味・関心を引き出す環境

ポイント3
子どもが主体的に動ける環境

ごっこ遊び、積み木、絵本、造形などに空間が分かれていて、子どもたちはそれぞれ遊びを展開している。ときわ保育園（静岡・森町）

ポイント1

子どもの発達に合った環境

保育者は、子どもの身体の大きさ、手の操作性、認知（物の見え方や感じ方）、遊びの段階など、子どもの発達段階に合わせて、遊びと生活環境を準備します。

乳幼児期の発達を、大きく5つのステージ（段階・過程）に分けて考え、ステージごとの発達に応じたポイントを紹介します。

それぞれのステージでの発達を象徴するキーワードを見て、自分の担当するクラスの保育環境にそのポイントが含まれているかどうかを確認してみましょう。第1・第2・第3ステージは、より細かな発達段階があります。

第1ステージ

0〜7か月頃

key word

注意力

愛着

腰・体幹

大人からの働きかけに応える時期なので、最高の環境は保育者の心地よい語りかけと笑顔。目を見て話すことが大切です。また、仰向けやうつぶせで遊んだり、手足をばたばたと動かして、腰と体幹が安定するようにします。

第2ステージ

8か月〜1年半頃

key word

探索

模倣

意欲

粗大な運動

手指操作

好奇心と活動欲求が強くなる時期。探索する遊びが中心になります。はう、登る、くぐる、転がる、しゃがむ、立つ、歩くなどの基本動作ができる環境が必要。夢中になって環境や物とかかわっていたら、保育者は静かに見守ります。

第3ステージ

大徳学園（石川・金沢市）

1歳後半〜3歳前半頃

key word

自我

語《ご》彙《い》の拡大

想像力

運動の拡大

自我が拡大し、自分の遊びが生まれる時期。大きく多様な動きを引き出す環境が必要です。室内には、見立てやごっこ遊び、手先を動かす遊びができるような素材を用意。ひとり言を話せる環境を整えることも大切です。

第4ステージ

3歳後半〜5歳頃

key word

友達

自己抑制

知識

思考

善悪

調整が必要な運動

対象に合わせた調整機能が高まる時期。相手の気持ちを考えたり、自分の身体をコントロールすることができるようになります。仲間との関係も広がるので、集団で遊べる環境を準備。歌う、踊る、描く、作るなどの表現活動も活発に。

友達と一緒にいるのが楽しい。東江幼稚園（東京・葛飾区）

第5ステージ

6歳頃

目的を共有し集団で遊ぶ。東江幼稚園（東京・葛飾区）

key word

根気強さ

正義感

集団

ルール

就学を前に、協同的な学びへ向かう時期。思考力や認識力も高まり、自然事象や社会事象、文字などへの興味や関心も深まっていきます。ルールのある遊びができる場や、根気が必要な編み物などの活動に取り組める環境を。

ポイント2

さまざまな興味・関心を引き出す環境

子どもたちは、将来さまざまな職業に就きます。会社員、プログラマー、医師、農業、ボクサーやレーサーになる子もいるかもしれません。

心理学者のガードナーは、人間の能力には多様性があり、それぞれの人が強みがあると説明します(多重知能理論、下記の図を参照)。

幼児期にも、ごっこ遊びが好きな子、図鑑に夢中になる子、歌や踊りで輝く子など、興味や関心は一人ひとり違います。

保育室と園庭には、多様な興味・関心を引き出し、それぞれの子どもの強みを伸ばせる環境をつくります。

ガードナーの8つの知能
言語的知能
話す、書くなどの言葉を使う能力。読み書きが好き。
論理・数学的知能
論理的に考える能力、計算や理屈を考えることが好き。
博物学的知能
様々な事象を集め整理する知能。自然、虫、動物等が好き。
視覚・空間的知能
視覚的に認識し、表現する能力。絵や工作等が好き。
身体・運動的知能
身体を使って理解し表現する能力。さわる、動くことが好き。
音楽的知能
音を聞き分け音楽で表現する能力。音楽が好き。
対人的知能
他人の感情を理解し、かかわる能力。人の世話をすることが好き。
内省的知能
自分のことを理解する能力。ひとりで活動することが好き。

その子の強みを引き出す、伸ばす

本が好き
ながかみ保育園
（静岡・浜松市）

お花と
ごっこ遊びが楽しい
認定こども園こどもの
もり（埼玉・松伏町）

ねじ回しがおもしろい
エミール保育園（福岡・福岡市）

言語的知能
論理・数学的知能
博物学的知能
視覚・空間的知能
身体・運動的知能
音楽的知能
対人的知能
内省的知能

「せいめいのれきし」が
おもしろい
エミール保育園（福岡・福岡市）

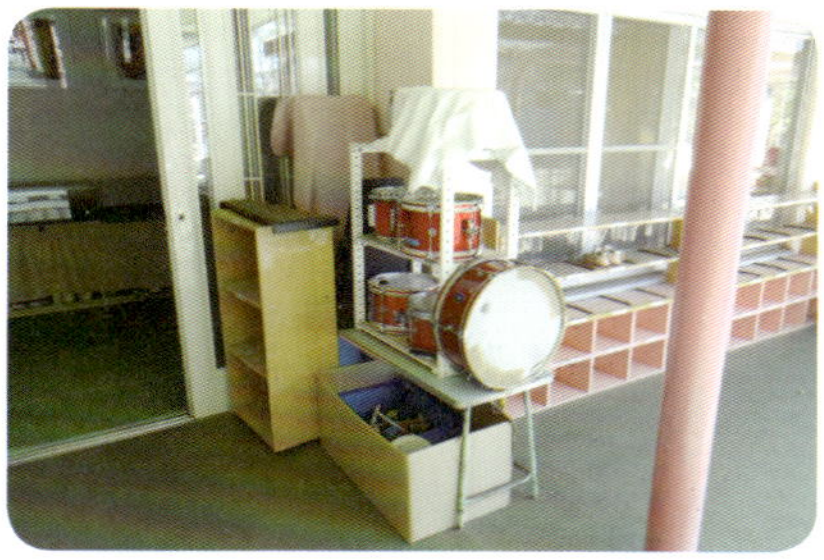

必要なときに使える楽器コーナー
かほる保育園（山梨・甲府市）

ぷるぷるかたまるふしぎ

固まることに
興味
陽だまりの丘保育園
（東京・中野区）

オリンピックに興味
杜ちゃいるど園（神奈川・横浜市）

描画に
打ち込める空間
ながかみ保育園
（静岡・浜松市）

ポイント3

子どもが主体的に動ける環境

1 これからの時代には自分で状況をとらえ、自律的に行動することが必要です。

→自律性、行動力、多様性を尊重し
立場や意見の違う人とも協働する力、
柔軟な思考や発想、問題発見、解決力を
育む必要があります。

解説

変化の激しい知識基盤社会には、自分で状況を捉えて自律的に行動し、他の人と協働して問題を解決できる人が必要です。言われたことしかできない、しないでは、未知の状況には対応できません。

2 これからの時代に求められる保育は――。

◎ 自律的・個別的な学びと対話的で協同的な学びを促す保育

× 競争的・排他的な保育

解説

どの子も、自己肯定感を持ち、自分と友達の強みを知り、学びのおもしろさを知り、状況の中で自律的に行動する子を育む保育が求められています。

3 主体的に行動できる環境とは？

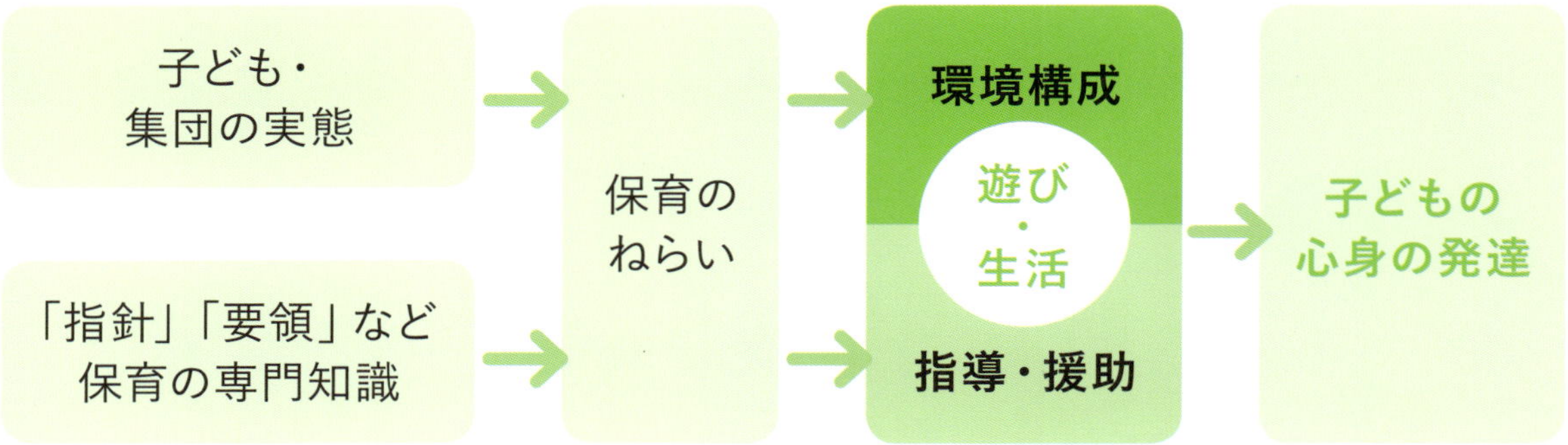

解説

子どもたちが保育者の声かけがなくても、主体的に生活や遊びを展開できる環境です。体育館や教室のような空間では、子どもは保育者の指示や言葉かけで行動しなくてはなりません。

時間と空間の工夫で保育者の指示は激減する

おやつの時間
子育てセンターこまつ（静岡・浜松市）の実践

1 のれんが出たら、食堂がオープン！

縦割り保育を実践しているこまつ保育園。ランチルームの前には、本日のメニューが出され、ランチルームがオープンしている時間は、扉にのれんがかけられます。ちなみに取材当日は、防災訓練があったので、おやつはかんパン。

2 時間の間に、自分で遊びを止め、食堂へ向かいます。

年長さんは、時計を見て食事やおやつの時間を確認。オープン前に行列する子どもも。配膳はカフェテリア形式なので、自分でピックアップ。2歳児は、入り口に用意された自分のおしぼりを見つけ、手を拭きます。

3 保育者の声かけは不要。

決められた時間内であれば、自分のペースでランチルームに来ることができます。時間にゆとりがあると、子どもを急がせることや、待たせることは必要ありません。

4 好きなテーブルにつき、それぞれのペースで「いただきます」。

5 保育者は必要な子どもに丁寧に指導を行います。

COLUMN
TAKAYAMA's eye

環境構成で保育が変わる

私は、日本の保育実践を研究しています。日本中の保育者が持つ「実践の知」を集め、言葉にすることが私の仕事です。この保育者が持つ専門性の中でも、特に魅力に感じているのが、「環境を構成する技術」です。

環境を構成する園では、保育者の大声が聞こえません。保育者は、穏やかな姿で子どもたちと対話をしています。

それらの園でも、もともとは一斉型で、あわただしい保育を行っていたそうです。保育者が大きな声で指示を出して子どもが動く、そんな保育を、子どもが自発的に活動する保育へと変えてこられました。環境を変革した園では、海外や国内の園を見学し、環境の本を読み研修を受講し、さまざまなメソッドを学んで活用することを積み重ねて、環境を通した保育へと変えたそうです。そこには、子どもにとって良い保育をしたいという保育者の強い願いが感じられました。

保育環境は、保育者の専門性の象徴です。環境は、専門性の保持を保護者に示します。**環境の構成は、年齢や経験は関係ありません。**若くても、その園に入ったばかりでも、目に見える保育環境によって、保護者の信頼を得ることができます。また環境を通して、保育者が、子どもと保護者を大切に考えていることを伝えることができます。

物的環境は、人的環境を補います。保育環境を充実させることで、保育者は、子どもたちに豊かな経験の保障をすることができます。

乳幼児期の効果的な学びは、身体と感覚を使った体験による学びであり、抽象化された教材（ワークブックなど）より、自然や物・人など、具体物による学びが優先です。また知識だけを取り出した学びよりも、状況の中での学び、必要感のある学びが効果的です。遊びの中での学びには、個別的な学びと、協同的な学びとが、自然に含まれます。

そのため、乳幼児期の教育では、自発的な遊びを学習ととらえ、環境を通して養護と教育を行います。

体を動かして十分に環境を探索し、好奇心と運動の欲求が満たされた子どもは、情緒が安定します。奇声が減り、おしゃべりが増えることでしょう。

子どもが主体的に活動するようになると、**保育者は、指示や注意の必要性が減り、ゆとりと笑顔が増えます。**やさしい保育者が退職することを防止し、保育を志望する人を、増やすことができるでしょう。

今、全国で環境を通した保育へ変わろうとしている園が増えています。環境の構成は、子どもも、保育者も、保護者も、幸せにするものです。

第3章

幼児期の学びを支える保育環境

1

豊かな話し言葉を育む環境

保育者は話し言葉のモデル

「一緒に遊ぼう」と女の子がミケちゃんにいいました。

手作りの人形を使ってお話が始まると、子どもたちが自然と集まってくる。
松の実保育園（千葉・流山市）

丁寧な暮らしが豊かな言葉を育みます。

子どもだからこそ、美しい話し言葉が必要。松の実保育園（千葉・流山市）

子どもの言葉を育む保育環境として、最も重要なのが保育者の言葉です。保育者は、豊かな語《ご》彙《い》（ボキャブラリー）を持ち、できるだけ美しく正しい日本語で子どもたちに話しかけるようにします。

子どもは体験だけではその概念を学ぶことができません。体験や感情に言葉をつけることで、初めて体験を認識し、自分の中に概念を積み重ねていくことができます。

そのサポートをするのが保育者の役割。たとえば、「さびしかったんだね」といわれることで子どもは感情を認識します。また「ぶあついものとうすいものがあるね」と保育者が話すことで、子どもの体験と概念が結びつきます。

今、「かわいい」「すごい」「ヤバい」という言葉が流行しています。保育者の言葉は子どものモデルですから、保育者が「とても暑い」も「危険」も「感動した」も「おいしい」も、「ヤバい」で表現していると、子どもたちの語《ご》彙《い》も少なくなってしまうかもしれません。子どもの言葉を育むためには、まず保育者が豊かな言葉を話すことが必要です。

子ども自身が話す活動

ごっこ遊びなどの日常の遊びに加えて、机上人形の遊び、子ども用ペープサート、絵本を描いたカードなど、子どもが遊びながら言葉を育む教材があります。保育者は、子どもの発達段階や関心に合わせて話し言葉の教材を揃え、空間も整えます。

特に、パネルシアターは、保育者が演じるものとして、多くの園が使っていると思います。保育者が提供する文化は、子どもの遊びのきっかけであり、遊びの主役は子どもです。保育者が演じた後に、やりたいと思った子どもが、子ども用のパネルシアターで何度もくり返し演じることができるようにしてみましょう。

子どもが演じることを考えると、そのパネルシアターが発達に合っているか、言葉はリズムよく美しいか、絵はどうかなど教材としての質が気になってくるでしょう。

子どもにとって身近な地域の話題を取り入れる

いつも通る道に咲いている花、畑の野菜、空を飛んでいる鳥。子どもたちが「知っている」「見たことがある」地域の話題を保育に取り入れる。写真を撮って絵本アルバムを作ったり、近くで見られる生きものを取り上げパズルにしたり。「この鳥、池で泳いでいたよ」など、会話が弾む。

日常の保育のちょっとした時間に、保育者と一緒にわらべうたを楽しむ子ども。松の実保育園（千葉・流山市）

地域に生息する生きものの絵や写真をボードに貼り、パズルにして遊ぶ。ひくまこども園（静岡・浜松市）

人形遊びでお話を作る

保育者のお話を聞いたあと、「私も」「僕も」と人形遊びを始める子どもたち。松の実保育園（千葉・流山市）

人形遊びの舞台になるテーブルに人形をセット。積み木遊びのスペースに動物の人形を準備しておくだけで、想像がふくらみ言葉が生まれる。松の実保育園（千葉・流山市）

子どもが扱いやすいように工夫して作られた棒人形。すぐに使えるよう、舞台用の机や背景が準備されている。松の実保育園（千葉・流山市）

話し合いの環境

豊かな言葉が生まれるためには、前提として豊かな経験が必要となります。子ども同士が体験したことを話したり、知っていることを話し合ったりするきっかけとなるような環境を準備しましょう。たとえば、廊下の掲示物を子どもの目線と同じ高さに貼るだけでも、それを見ながら子どもが自然と話を始めます。

また、遊びの中で何か困ったことが起きたときには、子ども同士で話し合いを促します。

子どもがけんかをしたときや情報を共有したいときにゆっくり話し合いができるようにと用意されたいす。陽だまりの丘保育園（東京・中野区）

表現を育む教材や活動

廊下の掲示物は子どもの目線と同じ高さに貼る。掲示物が子ども同士の会話を引き出す媒体となる。こまつ保育園（静岡・浜松市）

ストーリーキューブズはお話作りができるさいころ。代わりに絵カードを使うこともできる。（東洋大学 保育実習室）

画用紙を数枚綴じて無地の冊子を用意しておくと、子どもたちが絵本作りを始める。左は年長さんの作品。ときわ保育園（静岡・森町）

子どもが紙芝居をつくる、演じる理解。レイモンド庄中保育園（愛知・尾張旭市）

お話組み木は、ひとりで、または保育者や友達とストーリーを繰り返すことができる。（東洋大学 保育実習室）

教材や活動を選べば、大人も美しい言葉が学べます

保育の教材や活動は子どもの人格形成への影響を考えて選びます。たとえば絵本にはお菓子のような絵本と、心の栄養がたっぷりと含まれる絵本があります。

保育者は、絵本を繰り返し聞くことでどんな遊びが生まれるか、どんな言葉を覚えて使うようになるのか、子どもたち同士にどのようなかかわりが生まれるかなど、その絵本の提供によって生まれる子どもの行動をイメージして選択するように心がけます。

いわゆる定番といわれ長く読み継がれている絵本には、豊かで美しい言葉が綴られ、力強く美しい絵が描かれています。質の高い絵本を選べば、読み聞かせをしながら、自分の言葉と感性を磨くことができます。

COLUMN
TAKAYAMA's eye

語《ご》彙《い》と学力、生きる力

　心理学者の内田伸子氏は、遊びを中心に保育している自由保育の子どもが、一斉保育の子どもよりも、語彙《ごい》得点が高く、知能も発達していることを明らかにしています（内田、2012）＊。研究では、幼児期に語彙が豊かだった子どもは、小学校でのPISA（学習到達度調査）型読解力テストの成績が高かったそうです。自由保育の園の語彙得点が高いのは、子ども同士、保育者と子どもなどの会話の質と量が多く、絵本や描画などの文化に触れる機会が多いからでしょうか。

　言葉は、**他者とのコミュニケーション**の大切な手段です。言葉によって、子どもは行動の調整力や、自己抑制力を身につけます。また言葉により、知識を獲得し、理解力と思考力を発達させます。

　幼児教育の成果はほとんどが目に見えませんが、**語彙の豊かさ**は目に見えるものです。幼児期には、文字が書けるかどうかに注目しがちですが、保育者は、「話し言葉が豊かに育っているか」に注目したいものです。

　モンテッソーリ教育では、就学前に知りたい言葉を、名詞（自然、社会、生活、人間、精神、文化、抽象的な言葉）、動詞（自然、人間の生活、その他）、形容詞、形容動詞などを類型化して一覧表にしています。そして言葉を教材化することや、正確に保育者が使うことで、子どもの言葉の発達を助けています。

　地域や時代によっても自然、文化に関する言葉は変わるでしょう。園で使いたい言葉をマップで共有してみたり、保育者が自分の語彙（ボキャブラリー）を豊かにしようと意識するだけでも、保育者の話し言葉は、変わるのではないでしょうか。

　自然や社会の理解に関しても、豊かな実体験と、豊かな言葉の結びつきによって、理解と思考の土台が育まれます。体験に、太い・細い、長い・短い、厚い・薄いといった言葉が重なることが、抽象的な概念の土台になります。大人が何でも「すごいね」「ヤバいね」ですませる時代だからこそ、幼児教育に携わる保育者は、正確な言葉を意識的に使いたいものです。

　また言語聴覚士の湯汲英史氏は、「関わりことば」「切りかえことば」として、**自分の気持ちをコントロールする言葉**を紹介しています（湯汲、2006）＊。たとえば、「じゅんばん」「がまん」「ゆっくり」「そっと」など自分を調整する言葉を持つことで、子どもは自分の行動をコントロールしやすくなります。

　また、「くやしい」「怖い」「さびしい」「腹が立つ」「とてもいやな気持になった」など、子どもが**自分の気持ちを表す言葉**を持てば、友達をたたくことが減るのは、保育者は、誰もが知っていることでしょう。

　言葉は、**豊かな感受性**をも育みます。日本は、言葉の美しい絵本、詩の本、わらべうたなど、言葉に関する乳幼児期の文化が豊富です。

　言葉に関する教材や研究は揃っています。後は、保育者が、学んで活用するだけです。

＊ 参考資料はP119に記載

2

読み書きの土台を育む環境

文字の読み書きは、保護者の関心が高いもの。2・3歳の時期から文字を教えてほしいと要望する保護者もいます。

しかし学習は、子どもが興味や関心を持ったときに教えることが最も効果的です。

図形や文字に興味や関心を持ち始めるのは、自然な発達では知識欲の時代と呼ばれる4歳以降です。1・2歳で関心を持つ子どもはむしろ心配です。

読み書きは、子どもが「先生教えて」と来たときに教えます。その場合は、正しい筆順で正確な文字を教えます。一度誤って覚えた文字を小学校で修正するのは、覚えることの何倍もの時間がかかります。

モンテッソーリ教具は、読み書きを個々の発達に合わせて学習できるように教材を体系化している。エミール保育園（福岡・福岡市）

読み書きの土台は「注意を向ける力」「安定した体」「手の巧緻性」

文字の読み書きは、身体と頭と心の準備ができてから。
獲得に適切なタイミング（5歳ごろ）になれば、一気に学びが身につきます。

	0歳児	1・2歳児	3・4・5歳児
注意力	人と目を合わせることを好む	人の模倣をする	自分の活動に集中する
全身の運動	腰を中心に体幹を育てる	粗大な運動をたっぷりする	調整が伴う運動をする
手の巧緻性	物や自然物をさわる	目的をもって道具を使う	微細な絵を描く、根気強く物を作る

三角を模写できる頃が、文字を書くことを教える敏感期

2歳後半　3歳後半　4歳後半　5歳後半

絵と文字の関係

おおむね3歳：丸が閉じる（○を真似して描ける）
おおむね4歳：縦の線、横の線を真似できる
（□を真似して描ける）
おおむね5歳：斜めの線を真似できる
（△を真似して描ける）

三角形の形を見て、真似をして描くことができるようになるのは5歳ごろといわれます。丸や四角も真似をして描くことができない2歳や3歳児に字を書くことを教えると、覚えるまでに長い時間がかかります。

文字に関心を持つ環境

手作りの文字教材

手作りのひらがなカードを並べてあそびます。カードを組み合わせて身近な言葉を作って読み上げる、しりとりをするなど、遊びの工夫を。未来のひろば（石川・金沢市）

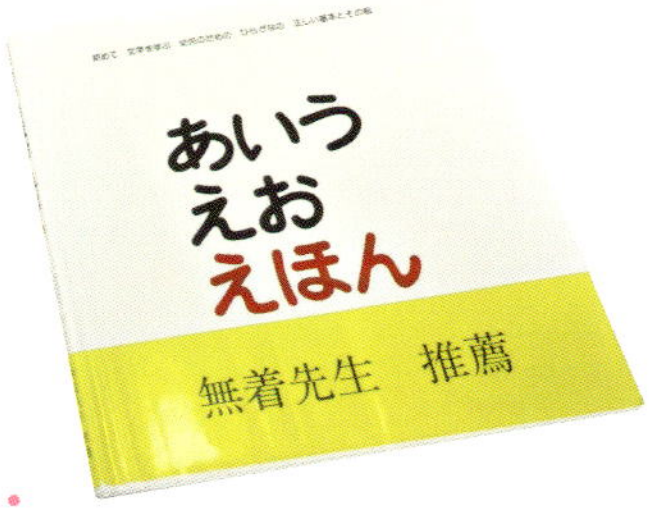

文字・言葉の絵本

子どもたちが文字や言葉そのものに興味が出てきたら、文字をテーマにした絵本を用意します。

しりとりカードやカルタ

カードゲームは、子どもが楽しみながら言葉を獲得することができます。カルタ、しりとり、なぞなぞカードなど。

文字スタンプを使う

ときわ保育園（静岡・森町）

手紙と文字のモデル

封筒と便せんを準備。東京自由保育園（東京・板橋区）

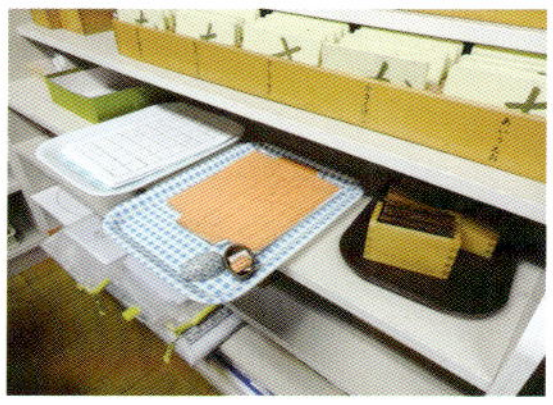

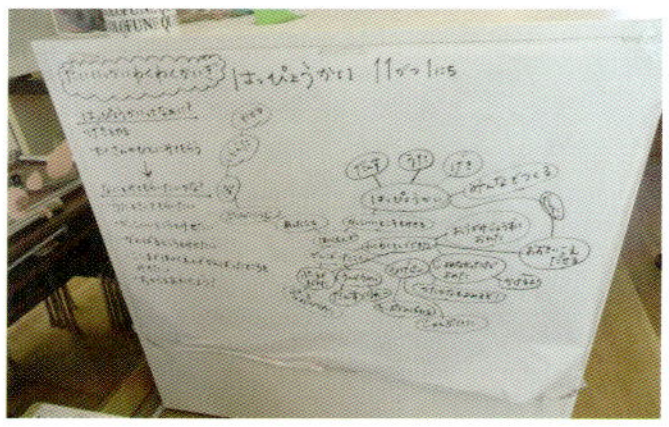

話し合いの記録

子どもの意見を保育者が書く（右上）。子どもたちが書く（下）。マインドマップ、ウエブ、フィンランドメソッドと呼ばれている。つながるほいくえん釜井台（栃木県・宇都宮市）

ときわ保育園（静岡・森町）

ペン・鉛筆の道具選び

5歳になればクレヨンや絵筆以外に、発達に合わせてサインペンや色鉛筆などの細やかな線を描ける道具を準備したいもの。描画で自分の内面を細やかに表現することが文字を使った表現の豊かさへとつながります。

要領と指針には、数量や文字は、「日常生活の中で幼児自身の必要感に基づく体験を大切にし、数量や文字などに関する興味や関心、感覚が養われるようにする」と示されています。生活や遊びのなかで、豊かな文字体験を積むことが必要です。

発達に合った描画の道具を選び、いつでも紙とペンが置いてあり、子どもが遊びで必要なときいつでも使える環境を整えます。

また、美しい文字の見本となるスタンプ、カルタ、文字カード、絵本なども準備しましょう。

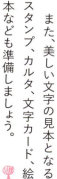

COLUMN
TAKAYAMA's eye

書き言葉の土台になる能力とは？

指針や要領には、文字は子どもの興味・関心に合わせ、生活や遊びの中で必要に応じて読んだり書いたりできるようにと示されています。しかし0歳からワークブックを使う園や、2歳からひらがなの一斉指導を行う園もあります。早くできることが良いことと考えた指導は、認可園としてはふさわしくない保育といえます。

文字を書く力の土台が育っていれば、子どもは関心を持てば、わずかな期間で文字を修得できます。

では「文字を書く」力の土台とは、どのような力で、幼児教育ではどのような環境が必要でしょうか。

文字を書くためには、①文字を認識することと、②文字を書くことのふたつが必要です。

まず①の**文字を認識する**には、文字の前に、線や図形を識別し、位置や長さなどを見分ける力が必要です。文字に関心を持ち始めた子どもがいるクラスでは、標準のひらがなや数字を遊びとして活用できる砂文字板や文字並べ板などのモンテッソーリの言語教材や、文字スタンプ、ハガキやノートや鉛筆などを環境に準備することができます。またひらがなを題材とした『あいうえおのほん』、『あいうえおうさま』、『あたしのあああなたのア』などの絵本を環境に準備することができます。「う」「ま」といった音節の分解を理解するには、カルタやしりとりカードなども使えます。

もし線の上をはさみで切ることができない、絵本に集中することができないなど、注視が難しい子どもがいる場合には、迷路の本や、その子の好きな自動車等をはさみで切るなど、教材研究をしてみましょう。

②の**文字を書く**ためには、手指の巧緻性と、目と手の協応が必要です。これらは0歳からの指先を使った遊びの中で育まれているものです。

子どもの絵を見ると、その子どもがひらがなを書くことに適した時期かどうかがわかります。線が不安定で、線を止めることができていない場合には、鉛筆で書く練習をさせるよりも、腰→粗大な運動→微細な運動と発達を追って、肩、腕や肘、手首、手指がなめらかに動くように全身運動を取り入れます。

体幹がフラフラと安定せずいすにまっすぐにすわれない場合には、家庭で手押し車に取り組んでもらうなど、保護者と一緒に安定した体を育てることに力を注ぎましょう。

こま回しやけん玉、お手玉、縄跳び、手合わせ遊びなども手首を回し、指先の巧緻性を高める遊びです。

文字を書く遊びの環境としては、手紙ごっこのほかに、小学校ごっこ、お店やさんごっこ、カルタ作り、絵本作りなどもあります。

5歳は発達上、左右を逆にした鏡文字を書く子どもが多くいます。ひらがなは斜めの線が多いため、正確な模倣は6歳以降です。

数量感覚を育む環境

豊かな数量体験ができる遊びと生活

乳幼児期には、学童期以降の抽象的な概念の学習を行う前に、学習の土台となる遊びと生活体験を積む必要があります。

たとえば、算数。小学校からの計算や応用問題、文章を使って表現する問題を解くためには、乳幼児期に豊かな数量体験を積み、思考力や表現力の基礎を培うことが大切です。

そのために保育者は、遊びや生活の場面で、数量を身体で感じる体験や、分ける、比べる、数える、順序づけるなど数を操作する体験ができるように、環境を構成します。

要領や指針には数量や文字などに関しては、「日常生活の中で幼児自身の必要感に基づく体験を大切にし、数量や文字などに関する興味や関心、感覚が養われるようにすること」と示されます。

また、保育者は、子どもがその数量の感覚を知るために、正確な概念の言葉を使うようにしましょう。たとえば「大きいね」「長いね」「速いね」「深いね」などです。

量体験　ごっこ遊びでコップに水を注ぎながら、量の多い少ないを体験。かほる保育園（山梨・甲府市）

重さ体験　園庭で砂遊びをしながら、重い軽いの重量を体験。和光保育園（千葉・富津市）

高さ体験

高い！
低い！

木登りしたり、傾斜をよじ登ったり。身体で高さの感覚を覚える。和光保育園（千葉・富津市）

狭い！
広い！

広さ体験

園庭で鬼ごっこをしたり、かくれんぼをしたりしながら、空間の広い狭いを体験。むくどり風の丘保育園（神奈川・相模原市）

大きさ体験

段ボールで足湯づくり。遊びの中で、大きさ、高さ、幅などさまざまな体験をしている。つながるほいくえん釜井台（栃木・宇都宮市）

分ける・並べる

片づけは、幼児期の大切な数量体験。分ける、比べる、順序づけるなど、論理性の基礎が身につく。日野の森こども園（兵庫・西宮市）

数の計数・対応

1、2、3…

箸を使ってビーズ運びゲーム。何個（計数）運べたかな？　かほる保育園（山梨・甲府市）

長い！
短い！

長さ体験

子どもの手の届くところに、素材や道具が置かれていることで、考える、工夫する、話し合う経験が豊かになる。かほる保育園（山梨・甲府市）

ひとり2個！

お昼ご飯の配膳。コロッケは「ひとり2個ずつね」（対応）。和光保育園（千葉・富津市）

体験と概念をつなぐ教材を置く

小学校の算数の土台には、数を唱える、数える、数字の読み書きができること以外に、数量感覚を豊かにする体験が重要です。

小学校の算数には、A数と計算、B量と測定、C図形、D数量関係の4つの内容があります。小学校で学ぶ数には、ものの個数や順番を表す整数と、少数・分数があります。量には、長さ、面積、体積などがあります。

これらを理解するには、体験や教材を通して、「一本、一人」などの数を表す言葉（数詞）や、「長い」「短い」といった概念を示す言葉を理解することが必要です。

また、数・量・図形を操作する、比べる、順序づける、対応させる体験が不可欠です。

遊びや生活の中で、繰り返し数量体験をすると共に、教材（抽象的な具体物）を使って、体験を整理し、概念へとつなぐことができます。

幼児期の数量体験

遊び・生活 → 教材 → 教科書・授業の学び

直接体験 → 抽象的な具体物 → 抽象的な学習

幼児期（直接体験・抽象的な具体物）／学童期（抽象的な具体物・抽象的な学習）

モンテッソーリ教育を取り入れているエミール保育園では、円柱さし（高さや直径の異なる円柱を同じ大きさの穴にはめ込む感覚教具）や金ビーズなどを使って、数量の体験を抽象的概念へとつないでいる。エミール保育園（福岡・福岡市）

エミール保育園（福岡・福岡市）

ビーズのひも通し、輪ゴムかけ、数字の一覧表など、手作りの教材・教具を多く取り入れて、遊びながら図形感覚を身につける。未来のひろば（石川・金沢市）

COLUMN
TAKAYAMA's eye

数量・図形に関連する物的環境

乳幼児期には、直接、自然物や人工物にかかわる体験によって、数量や図形に関する感覚を豊かにする時期です。

保育者が準備する物的環境によって、**子どもの数量体験**は異なります。たとえば砂場に動物の型抜きがあるとします。ゾウの型を抜いた子どもに「じょうず～」。3つのゾウを並べた子どもに「3頭、ゾウが並んだね」。市販の玩具には動物や花などの形がつけてあるため、このような型通りの数量体験しかできません。もしもシンプルな四角の型抜きがあれば、子どもは砂の種類や固め方によって、レンガのように積めることを知るかもしれません。根気強い子どもであれば、家を作ろうとするでしょう。

砂場の環境としては、たとえば、大・小のスコップ、大・中・小のシンプルなバケツ、目の異なるふるい、シンプルな四角や丸の抜き型があれば、遊びも広がりやすく、学習環境としても望ましいものです。しかし残念ながら、砂場用玩具には、教材としての意図があるものや、発達を促す用品がほとんどありません。そのため環境に教育的な意図を埋め込んでいる園では、本物のタライや土管などを使っていますが、安全性には不安が残ります。シンプルで安全な保育用品があれば、日本の幼児教育の質は、もっと向上できると思います。

幼児期の具体的・直接的な数量体験と、教科書やノートを使った「1+1=2」といった抽象的な学習には内容の差異が大きすぎます。

幼児期と学童期の前半に、モンテッソーリの感覚教具や算数教具のような抽象的な具体物を使用することによって、この大きな段差をなめらかにつなぐことが可能になります。

数量と図形に関する教材としては、体系化されたモンテッソーリの感覚教具と算数教具、フレーベルの恩物が優れています。

それ以外にも、**数と計算**に関するものには、けん玉、トランプなどカードゲーム、ビーズなど。**量と測定**に関しては、シンプルな砂場道具、基尺の合う大型積み木、積み木、時計、物差し、はかり、計量カップなど。**図形**に関するものには基尺の合う積み木、ネフ社の積み木、幾何学モザイク、切り紙、折り紙、マンダラ塗り絵など。**数量関係**に関しては、トランプ、数字カード、白黒ゲーム、キューブ型モザイクなどがあります。

幼児期に経験できる数量・図形に関する遊びや生活体験は様々ありますが、活動は、保育者によって、提供に差が生じます。

しかし保育室に準備された玩具や教材は、担任が代わっても、子どもが使用することができます。人に左右されない保育の質を保つ意味でも、物的環境として、数量と図形に関する教材は、園で準備しておきたいものです。

4

安定した身体を育む環境

学びの土台は集中と粘り強さ

　学童期につながる幼児教育というと、いすにすわって勉強をさせるという発想をしがちですが、いすにすわり学びに集中するには、じっとすわることができる安定した身体が必要です。話に集中することも文字を書くことも安定した身体があってこそ。幼児期にはしっかりとした体幹と、自分の思いどおりになめらかに動く手足を育むことが優先なのです。子どもが遊びの中で見せる集中力や根気強さは、そのまま学童期の学びの姿勢につながります。

　では、安定した身体をつくるための環境とはどのようなものなのでしょうか。それは、子どもが「身体を動かしたい」と思ったときに、いつでも身体を動かして遊べる環境です。

「3つの動き」が経験できる遊びと環境

幼児期に経験したい基本的な身体の動きには、大きく分けて3つあります。

1 身体のバランスをとる動き

転んで手をつく、しゃがむ、立つ、床にすわる、いすにすわる、うつぶせや仰向けから立ち上がる、立って回る、片足立ちをする、組む、ぶら下がるなど。

2 身体を移動する動き

四つ這いをする、高這いをする、転がる、歩く、走る、止まる、スキップする、ギャロップする、跳び上がる、登る、降りる、跳び越す、泳ぐなど。

3 用具などを操作する動き

持つ、運ぶ、動かす、投げる、受ける、掘る、人と組むなど。

川和保育園（神奈川・横浜市）

和光保育園（千葉・富津市）

安定し、粘り強い身体を育む活動

自然の中での遊び

自然環境は複雑で応答性が高いため、多様な動きを経験できる

・泥遊び・砂場・草花摘み
・木の実集め・散歩・川遊びなど

固定遊具と運動のための物を使った遊び

園庭にも室内にも、子どもが大きく身体を動かせる遊具をコーナーとして用意

・すべり台・鉄棒・のぼり棒・跳び箱・トランポリン・マット・クライミングウォール・巧技台
・バランス遊具・一輪車・リヤカー・ボール（大小）・縄・ロープ・竹馬・ゴム跳び・リング・フープなど

「宝取り」ゲームで宝を取るために、うんていも使われる。和光保育園（千葉・富津市）

たばる愛児保育園（沖縄・那覇市）

とちのき保育園（東京・中野区）

とちのき保育園（東京・中野区）

運動用具以外の物を使った遊び

遊びの道具でも、特に運動量が高くなる物を用意

・けん玉・お手玉・ベーゴマ
・飛行機・ミニ凧・パラシュート
・風呂マット・ござ
・ビールケース・バケツ
・新聞紙・ダンボールなど

生活場面での運動

子どもが自分で行うことで運動量はグンとアップ！

- 掃除・いす運び・食事
- おやつの準備片づけ
- 布団敷きなど

布団の上げ下げ、ぞうきんがけ、食事の準備、後片づけなども、身体づくりの一端を担っている。

和光保育園（千葉・富津市）

わらべうた練馬高野台保育園（東京・中野区）

ゲーム・伝承遊びなど

体操やゲームにも幼児期に体験したい3つの動きを入れて

- 鬼ごっこ・わらべうた
- 動きの大きな手遊び・歌遊び・ダンス
- 体操・リトミック・リズム運動など

鬼ごっこなど集団での遊びも大切。和光保育園（千葉・富津市）

思考力の土台を育む

思考を育む環境のポイント

室内

余白のある空間

保育室内は、キャラクターや子どもの作品などを飾りすぎていない、余白があるシンプルな環境がベスト。この余白が子どもの発想や思考を引き出す。

モノ

自己効力感が育つ遊びの素材

完成された玩具は子どもを惹きつけるが、すぐ飽きて思考力は育たない。自分が「環境を変えられる」という自信が持てる、応答性の高い遊びの素材が必要。

音

適度な刺激と静寂

常に騒音のある環境では、大声になり、会話ができず、思考が断ち切れてしまう。雨音や風音が聞こえるような適度な刺激と静寂のある音環境が求められる。

人

子どもに「問いかける」保育者

「なぜ？」「どうしてそう思ったの？」「それから？」など、保育者の「問い」が子どもの思考力を引き出す。指示ばかりしていると、思考力は育たない。

時間

集中力が持続する時間の流れ

遊びに夢中になっているときに、時間だからと片づけを強制するのは考えもの。中断する場合は、遊びの場をそのままキープして続きができるようにする工夫を。

＊写真はオルト保育園
（東京・新宿区）

想像・創造を育む素材選び

思考力の土台を育むために、乳幼児期に必要な活動は、見立て・つもり・ごっこ遊びです。

思考には、様々な発想を豊かにひろげる拡散的思考と、一つの答えを導き出す収束的思考とがあります。

乳幼児期の見立て・つもり・ごっこ遊びで育つのは、拡散的思考です。子どもは、絵本の世界を自分の実体験と結びつけて、現実と空想の世界を行き来しながら遊びます。

また、ひとつの積み木を、お豆腐やブラシや注射器など、様々なものに見立てて遊びます。

このような想像力が、豊かな発想力、知識と知識を結びつける力、高い応用力、人の気持ちを想像する力、見通しをもって計画を立てる力などにつながっていきます。

遊びの素材は、子どもが想像力を発揮しやすいように、完成されていないものを選びます。

家具や大型遊具も、シンプルで飾りがついていない方が、子どもは自分の発想をつけ加えることができます。

オープンエンドの活動

実践例 1　なごみこども園（静岡・浜松市）

シンプルな積み木が、子どもの創造力によってできあがるものが変わってくる。

板積み木

ブロック積み木

絵本の世界

消防署

実践例 2　オルト保育園（東京・新宿区）の実践例

段ボールや紙が、大人の想像しないような世界に発展していく。

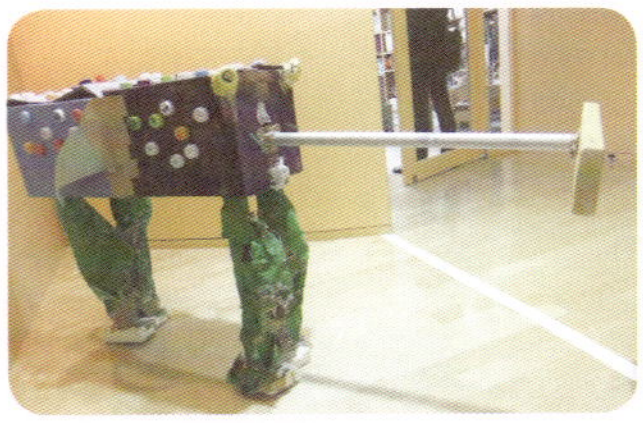

カブキツネザカナ

91星てんとう虫

継続的で発展的な活動ができる環境

実践例 陽だまりの丘保育園（東京・中野区）

対話的な学び

8月

アクセサリーづくり

洋服への興味関心が芽生える

洋服づくりスタート

12月

協同的な学び

発表会で発表

コレクション冊子づくりへ発展

これらの活動での 子どもの経験

- 挑戦する
- 試行錯誤する
- 情報や物を集める
- 話し合う
- 失敗し、やり直す
- 粘り強く取り組む
- 対立を乗り越える
- 折り合いをつける

これらの活動での 保育者の援助

- 環境をつくる
- 機会をつくる
- 見守る、側にいる
- 考えや気持ちの表現を促す、待つ
- 気づきや思考を促す
- 子どもの情報収集を助ける
- 話し合いを助ける
- いっしょに考える、ヒントを出す
- モデルを見せる
- 保護者に働きかける　etc…

COLUMN

TAKAYAMA's eye

幼児期の活動に見られる学習スキル

教育は、変化の激しい時代に求められる新しい能力観に基づいて改革が進められています。

森(2015)*は、**21世紀型学習者の姿**として、①自律的に学ぶ、②情報を発信する、③適応的熟達を目指す、④共に学び合う、の4点を挙げています。

しかし、教育する側の大人は、私自身も含め**古い教育**を受けています。自分が受けたことがない新しい教育を創り出すことは、難しいことですが、創造的で意義深い仕事でもあります。

最近では、質の高い幼児教育が、その後の学習成果や人生に良い影響を及ぼすという研究が紹介されています。教育では、言語スキルや数のスキルといった認知スキルに関心を向けられがちですが、自己制御、情緒的安定性、実行機能といった**非認知スキル**が、その後の発達に影響を与えることが明らかになっています。

2歳から5歳の保育実践を評価するSSTEWでは、発達の領域を社会的・情緒的な発達と認知的な発達とに分け、それらを以下の5つの領域に示しています。(シラージ他、2016)*

①信頼、自信、自立の構築、②社会的、情緒的な安定、安心、③言葉・コミュニケーションを支え、広げる、④学びと批判的思考を支える、⑤学び・言葉の発達を評価するの5つです。

この評価スケールの背景には、問題を発見し探求し、協同して問題解決をする子ども像があります。「乳幼児は大人が指示をしないと何もできない」と考えていると、保育者が日替わりメニューで子どもを楽しませる保育や、保育者の指示に従わせる保育になりがちです。乳幼児を**有能で活動的な学習者**であり、大人よりも根気強く活動に取り組むことができる存在ととらえると、挑戦や探求できる環境を準備するでしょう。

昨今広がりを見せる、プロジェクト型保育、テーマ保育、ピラミッド・メソッドなどでは、発展的な活動の中で、体験に基づく知識を習得すると同時に、生涯活用する学びのスキルの獲得を支えることができます。

幼児期に身につけている**学びのスキル**としては、集中する、よく観察する、触る、動かす、推論する、疑問を持つ、質問をする、問題を発見する、仮説を立てる(予測する)、初めての状況に既有知識や体験を結びつける、模倣する、計画する、情報や資源を集める、実行する、話し合う、協働作業をする分類する、比較する、関係づける、因果関係を見つける、解釈する、説明する、粘り強く取り組む、正確さを求める、別の方法や考えを見つける、振り返るなどが考えられます。

保育者が、このような学びのスキルの視点を持つと、遊びの中での学びが、くっきりと見えてくることでしょう。

* 参考資料はP119に記載

COLUMN
TAKAYAMA's eye

遊びで自己制御を育む

『マシュマロ・テスト』*に代表されるように、**幼児期の自己制御**が、その後の教育的な達成や社会経済的地位・収入などに関係しているといった研究が知られるようになりました。

自己制御は、子どもは毎日の**生活の場面**で必要です。たとえば起きていたいけれど眠るなどです。

遊びの場面でも、子どもはおもしろさに夢中になりながら、自己制御を身につけています。しかし、どんな遊びでも自己制御が必要というわけではありません。たとえば、とてもおもしろいDVDを見る「受容遊び」には、自己制御は不要です。では、どんな遊びで自己制御が必要になるのでしょうか。

たとえば、だるまさんがころんだ、あっちむいてほいのように、**ルールに従う遊び**では、自分の体の動きを自分で調整することが必要です。ルールのある遊び中でも、鬼ごっこやおしくらまんじゅうのように、身体のぶつかり合いがあり、ときに痛みや誤解を伴う遊びでは、より心のコントロールも必要になるでしょう。

おにごっこのようなルールのある集団遊びは、ルールを守るほうがおもしろく、ルールを守らない子がいるとおもしろくないという体験ができます。遊びの中では、ルールを守らないと、友達から責められることも体験します。

おにごっこのような複雑な状況では、ルールを理解することが難しい子どもでも、カルタ・すごろく・机上ゲームのような、**ルールのある机上遊び**では、視覚的な補助があるためにルールを理解しやすく、自分を抑制することを体験できます。

また、日本には、こま回し・けん玉・竹馬・缶ぽっくり・一輪車・お手玉・縄跳び・編み物のように、物を対象とし、ひとりでも、友達と一緒でも取り組むことができ、上達するまでに時間がかかり、**粘り強く取り組むことが必要な遊び**があります。

泥団子作りや草摘みなどの**自然物を対象とする遊び**や、セミ・蝶・バッタ取りなど**生き物を対象とする採集**も、これも相手がとても複雑であるため、自分の調整が必要です。泥団子は、手の力加減を調整しないと壊れてしまうし、バッタは、弱く握ると逃げてしまい、強く握りすぎると死んでしまいます。プラスチックのブロックで遊ぶときには、このような微妙な調整力は、必要ありません。複雑な自然物と、日々かかわる子どもは、根気強さや、身体や手指の高いコントロール能力を身につけることでしょう。

人を相手にした遊び、たとえば『アルプス一万尺』のようなふたり組の手合わせ遊びや、『あぶくたった』のような集団でのわらべうた遊びでは、相手の呼吸に合わせることや、身体を相手に合わせて微妙に調整することが必要になります。

このように、①ルールのある遊び、②自然物を対象とする遊び、③他者との身体の調整が必要な遊び、④うまくなるまでに時間がかかる遊びには、自己主張とともに、自己調整の機能が含まれていると考えられます。

* マシュマロ・テストは、ウォルター・ミシェルが開発した子どもの自制心をはかるテスト。子どもは、マシュマロを1個すぐに食べるか、がまんして、あとで2個もらうかを選ぶ。マシュマロを食べるのをがまんした子と、しなかった子のその後を追跡調査して、自制心と成功との関連を明らかにした。

第4章

遊びを豊かにする保育環境

砂場

砂は、遊びの素材として優れた性質を持っています。なぜなら、子どもの働きかけに対する応答性が高いから。たとえば、砂をスコップでかき出せば穴が掘れ、積み上げれば山になり、手ですぐに崩すこともでき、丸めれば団子になる……。何度でも作り直すことができ、作ったものはさまざまなものに見立てやすいので、想像力が育ちます。このような特性がある砂場は、子ども自身が遊び込むことのできる保育に必要不可欠な環境です。

砂場から生まれる遊びは、実に多様。単純に砂をすくったりこぼしたりする操作遊び、ままごとなどのごっこ遊び、川作りや町作りなどの造形表現遊びにも使えます。ダイナミックな遊びから繊細な遊びまで、幅広く対応できるのが砂場のいいところ。

ただし、川や町を作ったり大きな山を作ったりして、子どもたちが「やった〜！」と達成感を得るためには、十分な砂の量が必要です。

紹介する川和保育園の砂場は、立体的になっていて砂の量がたっぷりあるので、子どもたちの遊びがダイナミックです。さらに、川和保育園には7か所の山砂の砂場があり、夏には海砂を導入し、子どもの経験の幅を広げ、質を高めています。

砂場の数や砂の量をすぐに増やすのは難しいかもしれませんが、道具や素材を準備したり、空間に工夫を凝らすことなら実践しやすいでしょう。道具はシンプルなものが十分に揃っていて必要なときに自分で取り出せること、素材は水や草花、木の枝など多様性があることなどがポイントです。また、砂場の近くにテーブルや棚を置くだけでも、遊びが広がっていきます。

遊び上手な年長さんがいる園ならば遊びの伝承ができますが、開園間もない園では、保育者が道具を使ってダイナミックに遊びましょう。遊びのきっかけを作れば、その後子どもたちは、自分で遊びを展開していきます。

砂場遊びには、道具と素材が必要。シンプルな型や調理器具、作業台があるだけで、子どもは遊びを展開させていく。川和保育園（神奈川・横浜市）

山砂をたっぷり投入した、全国でも珍しい立体砂場。段差があるので、水を流す遊びもダイナミック。水を入れた容器を山の上まで運ぶことも、遊びの大切な要素。川和保育園（神奈川・横浜市）

遊びが広がる砂場の環境

基本的な道具

- スコップ（大・小）
- バケツ（大・小）
- ふるい
- じょうご
- 四角や丸の型
- 空き容器いろいろ
- カゴ
- フライパンなど調理器具

1 砂の量が十分な砂場を数か所に

子どもが達成感を得るためには、十分な砂の量が必要。また、園庭内に数か所、大きさや砂質が異なる砂場を設置したい。川和保育園では、0歳児用、1歳児用のための砂場も用意されているので、それぞれの発達に合った遊びに没頭することができる。

2 シンプルな道具をたくさん用意

遊びの道具は、シンプルなものをたくさん用意。車や魚など決まった形しか作れない型よりも、四角や丸のケーキ型を選ぶこと。ケーキも作れるし、並べて重ねればお城も作れる。

3 草花、水、枝などの自然素材も必要

子どもたちが自由に摘める草花を園庭に用意しておくと、砂場遊びの素材として活用できる。カゴを持って草花を摘みながら「お買い物」をし、ケーキやお寿司作りへと発展すれば、砂場でのごっこ遊びが充実。

4 テーブルや棚を砂場空間に取り入れる

砂場の近くにテーブルやいす、作業台を設置するなどの空間づくりにも工夫が必要。たったひとつのテーブルがあるだけで、砂場でのごっこ遊びがどんどんと広がっていく。

1歳児の部屋を出たところにある砂場。道具も1歳児が使いやすい大きさのものがそろっている。川和保育園（神奈川・横浜市）

ショベルカーの装置をセット。夢中になってダンプカーに砂を積み込んでいる。川和保育園（神奈川・横浜市）

シンプルな型から取り出したケーキの上に花びらをデコレーション。かほる保育園（山梨・甲府市）

大きなスコップがあれば、遊びが
ダイナミックに展開していく。

異なる質の砂を合わせて、カレーライス。
華やかなサラダつき。

砂場の横に設置されたテーブルとイスのセット。
作業台にもなる。川和保育園（神奈川・横浜市）

自然

幼児期に出会う自然には、雨や風などの自然現象、虫や草などの自然物、山や川などの地形、月や太陽などの天体等があります。

「自然」と「子ども」をつなぐポイントは次の３点です。

①「自然」と出会う時間空間をつくること。

②保育者が発見、感動を表現すること。

③子どもの好奇心を引き出し、発見や感動に応えること。

保育者自身が率先して、自然物で遊び、発見と感動を子どもに伝えることも必要です。「これ、なんだろう？」「ふしぎだね」「わあ、きれい」などと、発見と感動を共有しましょう。

自然環境はもともと多彩で豊かなもの。その自然と子どもを“つなぐ”ことが大切

新宿せいが保育園（東京・新宿区）

自然物を遊びの素材に取り入れる

松ぼっくりや木の実などの自然物を常時、保育室に用意。ごっこ遊びや造形遊び、室内飾りの素材として活用。ときわ保育園（静岡・森町）

自然科学の視点も必要

自然科学という理系の切り口で、子どもと自然をつなぐこともできる。生きものを観察したり、星を眺めたり。磁石やルーペなどの道具を準備して、興味・関心を引き出す。新宿せいが保育園（東京・新宿区）

自然を身近に感じる

子どもが集めてきた落ち葉で小さな本を作ったり、身近にある自然の写真（畑の作物や、散歩のときに出会った動物など）をアルバムに収めて写真絵本を作ったり。子どもの興味・関心が自然へ向かう架け橋になる。

ときわ保育園（静岡・森町）

むくどり風の丘保育園（神奈川・相模原市）

大きな木々の下には、ツリーハウス、土山、ジャブジャブ池、砂場がある。東江幼稚園（東京・葛飾区）

遊びが展開できる園庭は、傾斜があって自然が多彩

なだらかな傾斜のある園庭

地域に起伏がない場合、園庭には、築山や適度な起伏があるのが望ましい。みどり保育園（愛知・蒲郡市）

隠れることのできる草むら

園庭の一角にある「ピッピの森」という名の草むら。子どもたちは隠れんぼうをしたり、虫捕りをしたりして遊んでいる。ときわ保育園（静岡・森町）

テラスなどのオープンスペースを設けることで、園庭での活動に広がりが出る。明和ゆたか園（三重・明和町）

運動場とは一線を画する空間

実のなる木や落葉樹が植えられた園庭。秋には落ち葉拾いから遊びが展開していく。むくどり風の丘保育園（神奈川・相模原市）

園庭や公園で拾い集めた枝と草木染めの毛糸などの自然素材で遊ぶ。東江幼稚園（東京・葛飾区）

摘んで遊べる草を植栽

子どもたちが自由に摘めるシロツメクサを育成。四つ葉のクローバー探しや花飾り作り、ままごと遊びの素材に大活躍。明和ゆたか園（三重・明和町）

3

おうちごっこ

子どもは、おうちごっこで遊びながら、親など身近な大人の真似をし、生活体験の再現を繰り返し、想像力を身につけていきます。想像力は、その後の人生に必要となる、応用力、計画力、共感力、思考力につながります。

子どもたちが、遊びを展開するには、広がりのある空間が必要です。畳を敷く、パーティションで緩やかに区切る、低い家具で仕切るなどをして、隣のスペースとつながりのある空間をつくるといいでしょう。

遊びが広がる空間づくり

スペースにゆとりがあるごっこ空間。新宿せいが保育園（東京・新宿区）

赤ちゃんのお世話や料理を作る真似をして遊ぶ子どもたち。明和ゆたか園（三重・明和町）

小さなスペースにマットを敷いたり、棚で仕切りをすれば、おうちごっこの空間ができあがる。川和保育園（神奈川・横浜市）

鏡台、チェスト、電話、写真立てなど、どれも本物らしく遊ぶことができるので、子どもたちは、遊びにのめり込むことができる。ときわ保育園（静岡・森町）

子どもたちの遊びが展開する「おうちごっこ」環境に必要な素材・道具

子どもたちの想像力を伸ばすためには、ごっこ遊びの空間に、遊びの素材や道具、小物を用意しておくことが必要です。たとえば、料理ごっこのための素材は、単純な色や形のものを選びましょう。お手玉や毛糸、フェルトを丸く切ったものなどです。子どもは想像力によって、それらの素材を「うどん」とか「ハム」とか「おにぎり」とか、自由に見立てて遊びを展開していきます。

5歳くらいになると「本物らしくやりたい」という欲求が強くなります。それに合わせて、フライパンや鍋などは、安全に使える少し小ぶりの本物を揃えるといいでしょう。

また、大型つみきやマットなどを用意しておくと、「お買い物に出かけよう」とか「赤ちゃんとお散歩へ行こう」など、おうち遊びが外へと広がっていきます。ちょっとした小物が、子どもの遊びを引き出すきっかけになるのです。

素材や道具は、種類別に分け、棚にきれいに並べておくのが基本。

かほる保育園（山梨・甲府市）

ときわ保育園（静岡・森町）

見立てやすい素材

- 紙・布・木
- 積み木
- フェルト
- お手玉・毛糸
- 土・砂
- 草花など

見立てやすい素材の新聞紙で洋服を作って遊ぶ。かほる保育園（山梨・甲府市）

毛糸やひも、チェーンリングなどの素材で料理。かほる保育園（山梨・甲府市）

シンボルになる小物

- 人形・エプロン・スカート
- ネクタイ・バッグ・お財布
- 布（大小）・よだれかけ
- 敷物・ミルク
- せんたくばさみ
- おんぶひも、抱っこひも
- 洗面器（大）

ネコや犬のぬいぐるみは遊びの幅を広げる。ときわ保育園（静岡・森町）

スカート、パンツ、バッグ、ペットのネコのぬいぐるみも小物として活用。季節によって人形の洋服も変わる。ときわ保育園（静岡・森町）

キッチン道具も小ぶりの本物を使用。新宿せいが保育園（東京・新宿区）

遊びの展開をひろげるもの

- 大型積み木
  または牛乳パックの積み木
- 小フープ（ハンドルの代わり）
- マット（小）、敷物
- ダンボールの間仕切りなど
- 可動性のある遊具

大型積木（牛乳パック・木製）やイス、ハンドルなどによってごっこ遊びの展開が広がる。（浜松学院大学・イベントで作成）

人形を抱いて保育園へ預けに行くというおうちごっこのワンシーン。かほる保育園（山梨・甲府市）

日々の体験から生まれる多様な仕事ごっこ

クレープ屋さんごっこ

サッカーのワールドカップから、海外の食べ物に興味が移り、クレープ屋さんに発展した。

アイスクリーム屋さんごっこ

暑い夏に食べたいもの、それは「アイス」みんなの意見が一致してスタート。

屋台ごっこ

夏祭りといえば屋台。シンボルとなるはっぴが、遊びの合図。

床屋さんごっこ

散髪してヘアスタイルを変えた子どもに触発され、床屋さんごっこが始まった。

新幹線開通記念ごっこ

2015年春に金沢まで開通した北陸新幹線の話題で盛り上がった大徳学園。地域、保護者を巻き込み、ダイナミックなごっこ遊びを展開した。

写真／大徳学園（石川・金沢市）

テーマ

みそ蔵見学のときの写真を展示し、まずは小さな設計図（模型）を作製。綿密に遊びが遂行されていく。

素材

積み木を多用しみそ造りの現場を再現。随所にのれんなどの本物を取り入れることでリアリティーが増す。

地域の文化・歴史を取り入れたみそ造りごっこ

地域の伝統文化に触れた体験を保育に取り入れているのが、光こども園。見学し絵を描いて終わりではなく、素材と空間・時間を準備します。

　みんなで地元の麹《こうじ》屋さんとみそ蔵を見学した後、さっそくごっこ遊びを開始。紙粘土で作った大豆を茹でて、麹と塩を混ぜ、つぶして仕込む。この工程をくり返し、お店でみそを販売します。この遊びは1か月以上続いたそうです。

シンボル

みそ造りの職人は手ぬぐいと作務衣がシンボル。みそは毛糸で。お店屋さんはバンダナとエプロン。

展開

みそ造りだけでなくみそを販売する店舗もあり、いつもお店はお客さんでにぎわっている。

写真／光こども園（石川・金沢市）

大徳学園（石川・金沢市）の実践に見る

仕事ごっこ5つのポイント

1 素材

積み木やダンボールなどの中心的な素材と、
紙や毛糸や、テーマに合った小物を用意。

十分な量の積み木があるから完成した、遊びの中心となるオブジェ。小物も豊富に準備。

テーマのきっかけとなった写真や記事を展示。

2 テーマ

子どもたちの家庭や地域、
生活経験、絵本など子ど
もの関心をテーマに。

3 シンボル

運転手さんの帽子、お祭りの
はっぴ、店員さんのエプロンな
どをきっかけに遊びが始まる。

帽子をかぶれば運転手さん
に、前掛けをしめれば店員
さんに早変わり。シンボルは
遊びの世界に入るチケット。

大人の仕事を見ることから生まれる「仕事ごっこ」。仕事ごっこに必要な環境は、子どもたちがいつでも使うことができる中心的素材（ダンボールや積み木）が準備されていること。遊びの世界に入るための「シンボル」となるネクタイ、エプロンなどがあると、ごっこ遊びのスイッチが入ります。

また、遊びが展開しているときに、保育者が遊びの世界を壊さないことも必要。「何やっているの？」と通常の大人目線で話しかけると、子どもは一気に現実の世界に引き戻されてしまいます。子どもと同じ世界の住人になり、保育者も一緒に遊びましょう。

遊びは保育者が予想もしなかった方向に展開していくことも多いでしょう。それが保育のおもしろさ。保育者は、遊びの様子を写真などで家族へ伝え、家庭での会話や体験が豊かになるように配慮しましょう。

幼児期の仕事ごっこはファンタジーの世界と現実の世界を行き来します。

4 展開

たっぷりの素材と時間、継続的に遊べる空間があることで、遊びが豊かに展開。

「新幹線開通記念ごっこ」では、駅のまわりに金沢の郷土料理屋さん、足湯などが“増築”されていく。

5 保育者

ごっこ遊びでは、子どもたちがお互いのイメージをすり合わせる話し合いが必要。保育者は一緒に悩んで、子どもの考えを引き出す。

子どもの考えを引き出す保育者の言葉

子どもが気づくこと、考えることを促す

「おや？」「あれ？」「どうしてだろうね」

「こまったね」「どうしようか」

「どこへ行ったんだろうね」

「倉庫には何かないかな」

「誰か手伝ってくれる人はいないかな？」


子どもの考えや気持ちの表現を促す（詰問にならないように自然に）

「どうしたいの？」「どうしたかったの？」

「何をするつもりだったの？」

「そのときどう思ったの？」

「どんな気持ちになった？」

子どもが経験を説明することを促す

「昨日はどんなことをしたの？」

「そして？」

「それから？」「へぇ～」

「みんなにも説明をしてくれる？」

「どうしてわかったの？」

造形表現
空間

造形表現の部屋には、整理された道具と多様・多量な素材が用意されている。陽だまりの丘保育園（東京・中野区）

造形表現のための部屋や コーナー（ゾーン）を設け、 遊びが継続できるよう 作りかけ作品の置き場も確保

時間

空間をゾーンに分けて異年齢保育を実施。製作ゾーンで粘土遊びに夢中になる子どもたち。新宿せいが保育園（東京・新宿区）

造形活動を深める環境のポイントのひとつ目は、**空間**です。造形表現のための部屋やスペースをつくることができます。「作りたい」と思ったらすぐ創作に取りかかれる空間を整えます。

続いては**時間**。たとえば年長さんになると協同して作品を作る機会も多くなり、みんなで話し合いながらじっくりと継続的な造形に取り組みます。時間をぶつ切りにしない工夫が必要です。製作途中の作品を置いておく場所を確保することも必要です。

最後は**素材**と**道具**。素材によって、子どもの遊びが変わります。遊びのテーマに合った多様な素材を準備し、いつでも使えるようにしておくと子どもの発想が広がります。また、道具は使いやすさと安全性を考え、個数がわかるように置き場所をつくります。

ロッカーから道具箱を取り出し、机の上でみんなと同じものを作って、家庭に持ち帰る……。そんなこれまでのやり方を変えてみると、子どもの造形表現の世界が大きく変わります。

ペンやクレヨンは共同にする。子育てセンターこまつ（静岡・浜松市）

素材・道具

素材

自然素材

どんぐり、松ぼっくり、枝、木っ端、葉、花など

紙や廃材などの素材

ダンボール、色画用紙、紙、折り紙、新聞紙、
布、粘土、牛乳パック、空き箱、空き容器、
紙コップ、紙皿、ストロー、ひも、リボン、毛糸など

素材的な玩具

積み木、ビーズ、おはじき、チェーンリング、
ロンディ、色板、ラキューなど

道具

はさみ、のり、テープ、絵の具、筆、
カラーペン、クレヨン、色鉛筆、輪ゴムなど

ときわ保育園（静岡・森町）

認定こども園こどものもり（埼玉県・松伏町）

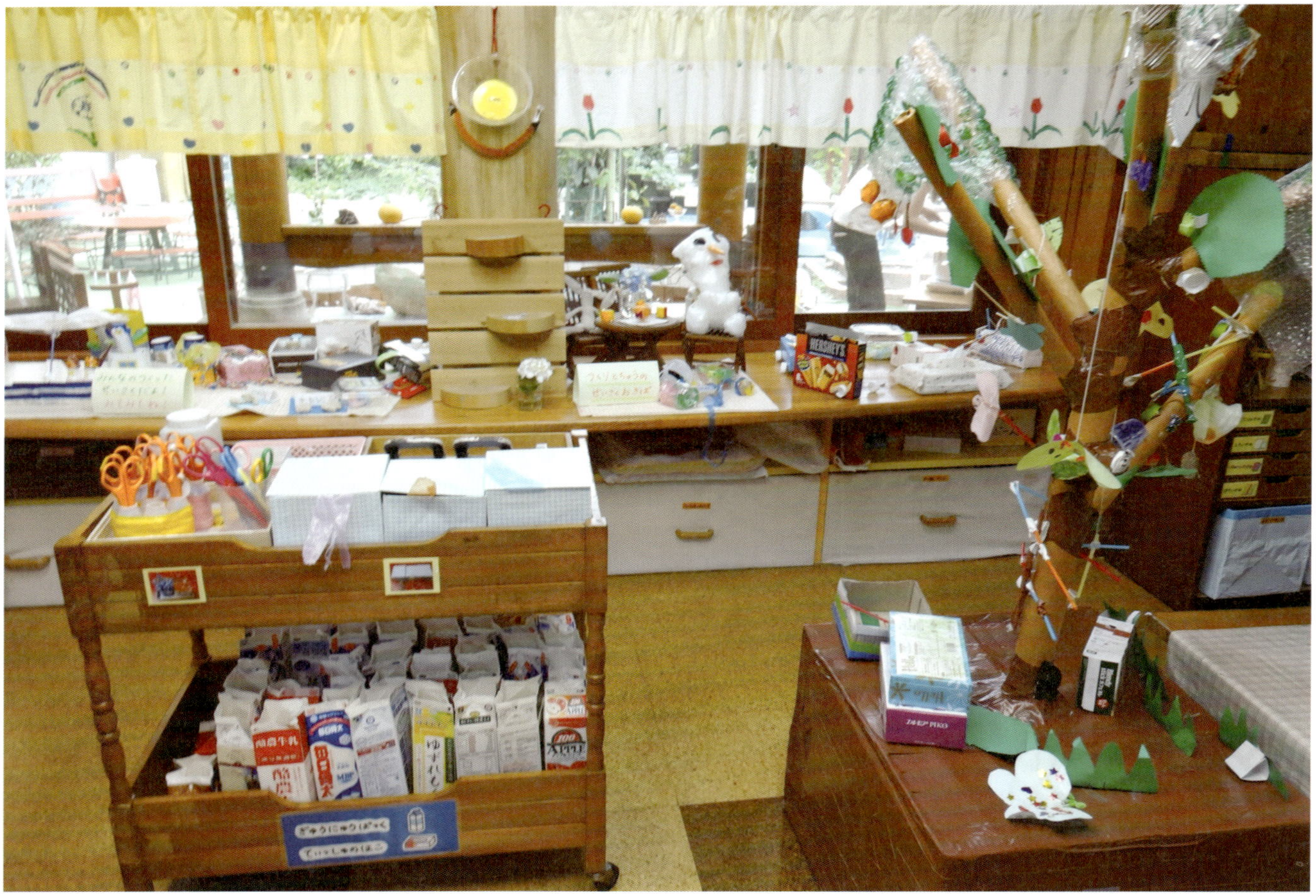

認定こども園こどものもり（埼玉・松伏町）

第5章

0・1・2歳の学びを支える保育環境

0・1・2歳の遊びと保育者の役割

遊びが学び

0・1・2歳児は、手を使うこと、体を動かすこと、人とかかわること自体が遊びであり、環境とのかかわりそのものが学習です。

たとえば歩く能力を獲得しようとする子どもにとっては、よちよち歩き自体が遊びです。ただ歩くことに喜びを見いだし、くり返し、歩く能力を獲得すると、歩くことが遊びから手段へと取って代わります。

乳幼児期の子どもにとって遊びは、さまざまな能力を獲得するために欠かすことのできない学習経験なのです。

段差、回り込む空間、立ち上がると外が見える窓など、好奇心を持って探索できるように設計されている乳児の保育室。子育てセンターこまつ（静岡・浜松市）

0･1･2歳は、手を使うこと、体を動かすこと、人とかかわること自体が遊びになります。

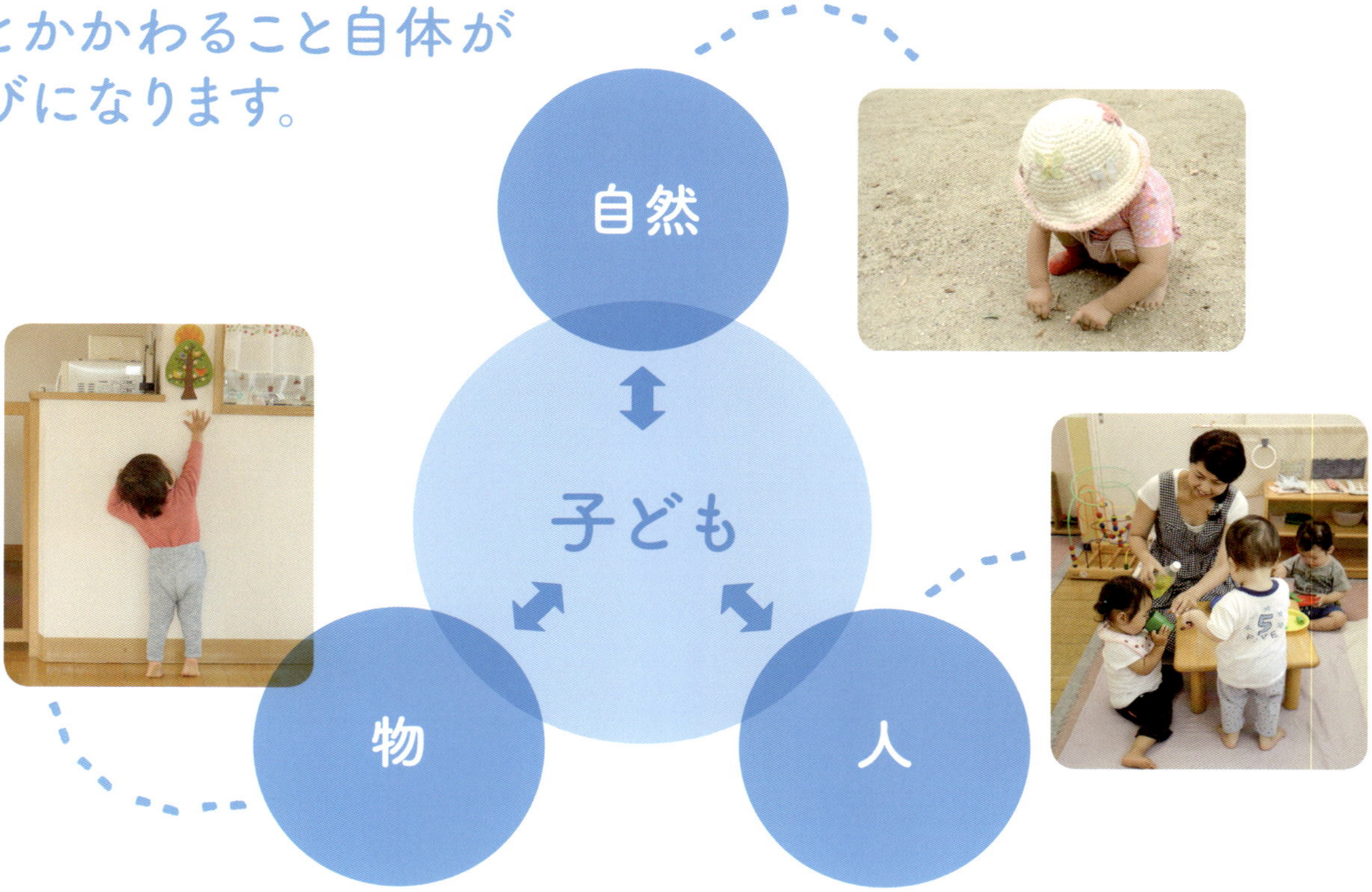

遊び場面での保育者の役割4つの基本

1 遊びの環境を準備

手の届くところに玩具などを置き、子どもが自分で取れるようにする。

2 遊びのきっかけをつくる

0･1･2歳児は模倣の時期。まず、大人である保育者が率先して遊び、子どもたちへの「きっかけ」をつくる。

3 静かに見守る

0･1･2歳児は、ひとり遊び、平行遊びが中心になる。真剣に遊んでいる子どもには話しかけたりせず、静かに見守ることも大事。

4 応答的にかかわる

子どもをよく見て、子どもが保育者を求めてきたときには、一緒に遊んだり、援助したりする。

遊びの環境4つのポイント

子どもの姿を見て、環境をつくる

ポイント1　なめらかに動く体を育む

0歳には、仰向けで十分に遊ばせたり、ハイハイが存分にできるスペースを確保。1・2歳には、歩ける場所を用意し、登る、跳ぶ、寝転がるなど、体を大きく動かす運動が十分にできる環境をつくる。

ポイント2　なめらかに動く手を育む

0歳には、仰向けで玩具を持たせて遊ばせる。1・2歳は、子どもの手の届くところに、子どもが手を使える遊びの素材や道具を用意。手の発達に応じて、玩具の入れ替えを忘れずに。

ポイント3　のびやかな心を育む

保育者は、笑顔で応答的（対等のコミュニケーション）にかかわり、子どもが夢中になっているときは静かに見守る。子どもの人数に合わせて、素材や道具をたっぷりと揃える。

ポイント4　よく考える頭を育てる

玩具は棚に並べるなど、調和的でリズムのある環境を整える。見立てやすい玩具を揃え、好奇心が満足できる環境を準備。大きな声で子どもを動かしたり、ちょっとしたことで叱らない。

生活の場面　ながかみ保育園（静岡・浜松市）

遊びの場面　明和ゆたか園（三重・明和町）

環境構成のポイント1

なめらかに動く体を育む

0歳 仰向け、ハイハイを促す環境づくり

0歳児は、仰向けやうつぶせ、体をねじる、
手足をバタバタと動かすなど、
腰を中心にして体を動かして腰がすわります。
無理なおすわり、ラックや歩行器の使用、
長時間の抱っこはできるだけ避けます。

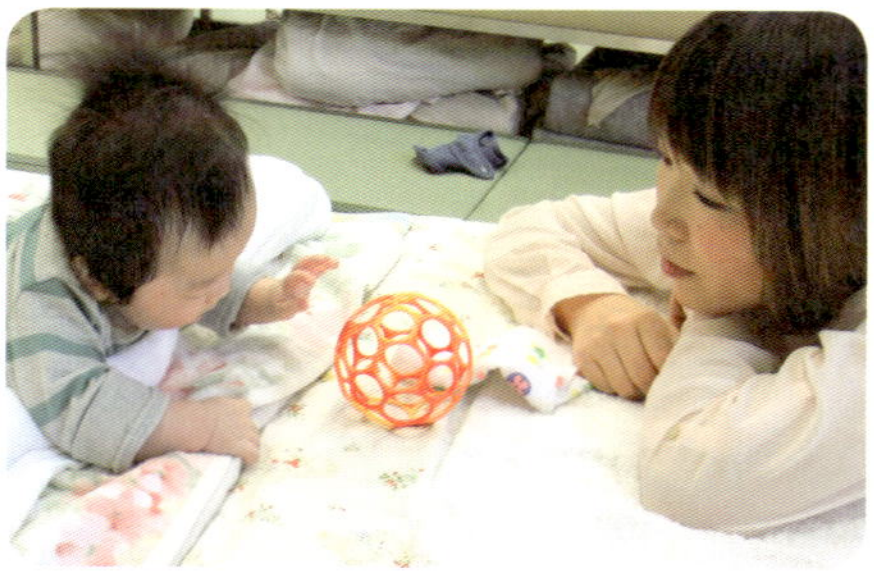

ここみ広場（静岡・浜松市）

子育てセンターこまつ（静岡・浜松市）

思わずハイハイしたくなる空間づくりをする。あさひがおか乳児園（福島・郡山市）

保育者がハイハイをしてみせたり、ハイハイで追いかけることで、子どももハイハイをしたくなる。ここみ広場（静岡・浜松市）

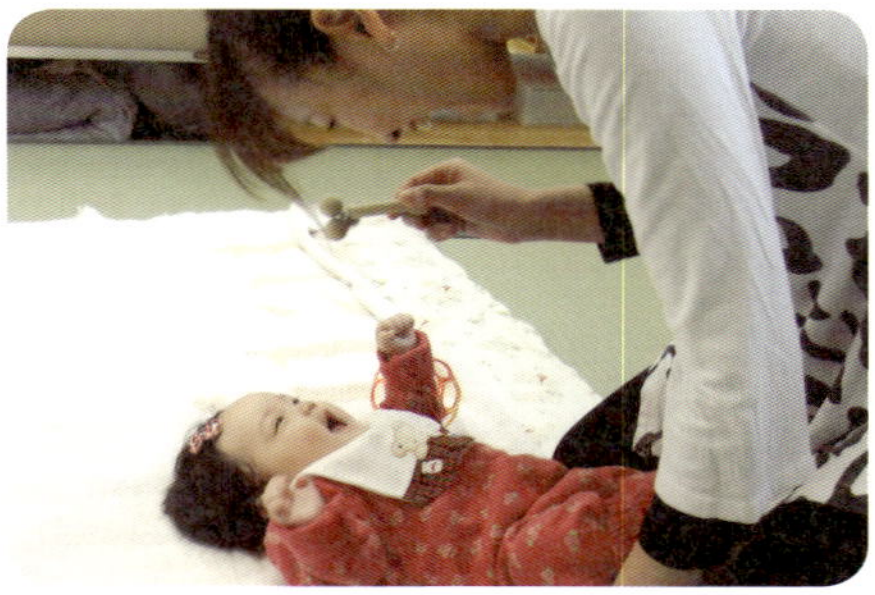

仰向けで寝ている子に対して、目を見つめてあやすと、体を開き、手足をバタバタ動かし、声をたてる。ここみ広場（静岡・浜松市）

園庭でもハイハイ。乳児保育では、高バイ、床からの立ち上がりを、保育者として保障する。子育てセンターこまつ（静岡・浜松市）

1歳

さわり、歩き回れる環境づくり

1歳ごろになると、はう、登る、くぐる、転がる、しゃがむ、歩くなどの基本的な動作をくり返します。なめらかに動く体と、転んだときはとっさに手が出て身を守ることのできる体に育っていきます。

1歳はいすを置くとすわるため、立って遊ぶ環境をつくる。城南区こどもプラザ（福岡・福岡市）

子どもの姿を見て試行錯誤しながら、歩き回る環境と、とどまる環境をつくる。レイモンド花畑保育園（東京・足立区）

子どもにとっては直線距離が長い廊下も、立派な遊び場のひとつ。好きなだけ歩き回ることができる。ながかみ保育園（静岡・浜松市）

2歳　登ったり、走ったり、バタバタ動く環境づくり

2歳ごろになると、さらに大きく動くようになり、バタバタと走り回ったりし始めます。
とにもかくにも、力いっぱい体を動かすことのできる環境を室内にも準備し、
走ることができるようになった子どもにとっては、それが最も楽しい遊びです。

子どもの姿をよく見て、発達要求に合った高さ、配置を考える。新宿せいが保育園（東京・新宿区）

ホールに置いたマットが広いため、子どもたちが思い切り動くことができる。たばる愛児保育園（沖縄・那覇市）

ホールに備えつけられた幅の広いスロープでは、友達と一緒によじ登ることができる。たばる愛児保育園（沖縄・那覇市）

跳び箱とマットで小さな坂を作ると、はって登る、すべる、ジャンプするなど、さまざまな運動をくり返す。掛川こども園（静岡・掛川市）

環境構成のポイント2

なめらかに動く手を育む

0歳

原始反射が消えると手が開き、手のひら全体で握ることができるようになります。腕全体を使って、ものを取り出したり、つかんだり、たたいたりします。手にものを持たせることが大切です。

握る

親指が外側に出て手を握ることができるようになる。

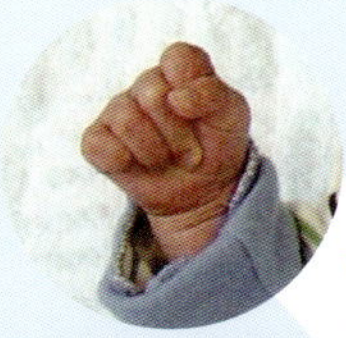

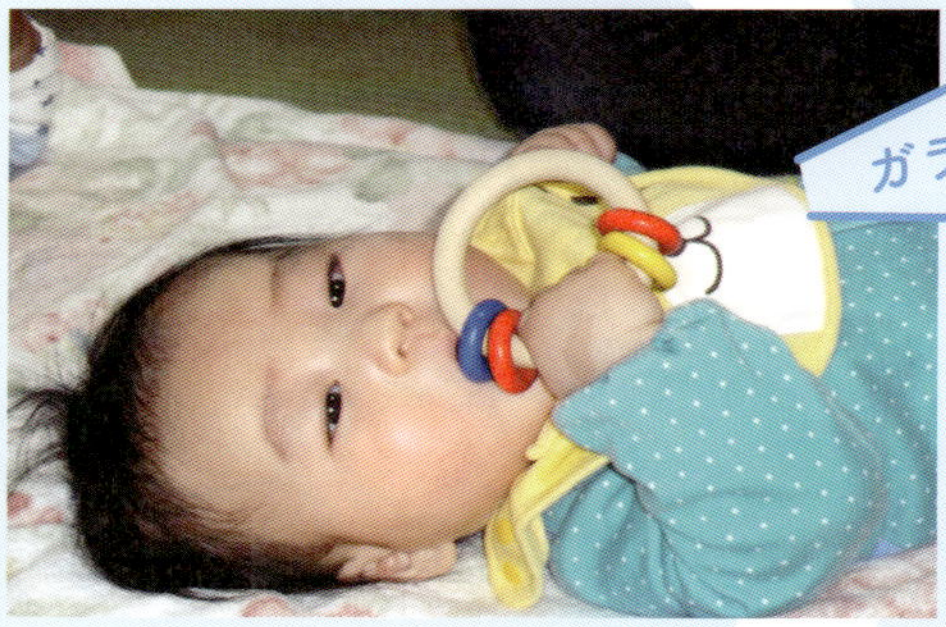

手足をバタバタと動かせる仰向けの姿勢。

うつぶせで手が使えるスペースを確保。

たたく

両手を使ってたたくことが楽しい遊びに。

つまむ

手のひらや指先で感触を確認するようにものをつかむ。

0歳におすすめ！ 手作りおもちゃ
大きい、長い、重みのあるお手玉、引っぱる、投げる、ふり回すもの　など

1歳

次第に指先でつまむことがじょうずにできるようになり、小さいものを親指と人さし指でつまみ始めます。後半には、道具も使い始めます。1歳半ごろには積み木を重ねることもできます。いつも手が使える環境にすることが大切です。

親指と人差し指でものをつまんで容器に入れる。

1歳におすすめ！
手作りおもちゃ
いろいろな形のポットン落とし、
出したり入れたり、
引っぱる、つまむおもちゃ
重ねるおもちゃなど

積む

月齢とともに積み木を
積む数も増えていく。

小さいものを指先でつまむ

チェーンリングをつまんで容器に
入れては出して、何度でもくり返す。

はがす

両手を同時に使ってものを扱います。

2歳

両手を同時に使ってものを扱います。指先を細かく使うボタンかけなど道具を数多く準備します。

ひも通し

輪っかにひもを通してたくさん
つなげてこんなに長くなった。

輪ゴムかけ

釘を打ち込んだ板に指先を
使って輪ゴムをはめる遊び。

2歳におすすめ！
手作りおもちゃ
ボタンかけ、
洗濯ばさみ遊び、
伸ばしてはめる遊び、
すくい遊び、
ねじぶた容器　など

道具を使う

両手で道具をじょうずに
使ってごっこ遊びスタート。

小さな穴に入れる

パスタポットの小さな口か
らリングを入れて大満足。

写真／和光こども園（静岡・浜松市）、和敬愛育園（静岡・浜松市）、かほる保育園（山梨・甲府市）、ここみ広場（静岡・浜松市）

0歳には、仰向けで玩具を持たせて遊ばせ、1・2歳は子どもの手の届くところに素材や道具を準備する。

手は「突き出た大脳」。子どもが手と道具を使う環境を整える

手は「突き出た大脳」と呼ばれ、手を使うことが脳の発達に関係するといわれてきました。

0・1・2歳の子どもは起きている間中、手を使いたがっています。手を使えない、さわるものがない保育室では、子どもはロッカーを引き出し、トイレの水で遊ぼうとすることもあります。

保育室内では、子どもの手の届くところに遊びの素材を置いておくことが大切です。手作りでも市販品でも、子どもの手の発達に合わせたもの、シンプルな応答性の高いものを準備します。この条件に合っているものなら、子どもは飽きずに夢中になって遊びます。

COLUMN
TAKAYAMA's eye

安定した身体と学び

発達障がい児の療育のひとつである感覚統合療法では、机にすわる学習の前にまず、身体の感覚を統合させ、**安定した身体と情緒を持つことが発達の基礎**だとし、運動によって脳機能の発達を促すと考えられています。

乳児は、目で見たものに手を出し、自分の身体を使ってさわってなめて、物の感触や大きさを確かめ、自分のまわりの環境を認識します。同時に動くことによって、自分の身体を環境に合わせて調整することを学びます。たとえば、赤ちゃんは机の下をくぐりながら自分の体の大きさと動かし方を学習しています。

保護者は、小学校でいすにすわり集中して勉強してほしいと願いますが、そのためには、乳幼児期に、**安定した腰と体幹と、なめらかに動く手指**を獲得する必要があります。

乳児期に抱きしめられ、あやされ、他者との信頼関係を形成し、安定した身体と注意を向ける力を獲得していれば、その後のさまざまな学習は容易です。

しかし、ひとつの声や音に注意を向けられないと、言葉の獲得すら困難です。自分の体を自分の思いどおりに動かすことができない、体の感覚がどこをさわられているかがわからない状態では、情緒も不安定で、学習に集中することは難しいものです。

昨今、園で、幼児が「めんどくさーい」という場面にあいます。片づけが面倒、ものを作ることが面倒、体を動かすことが面倒、人とかかわることが面倒なんていっていたら、生きることが大変ではないでしょうか。勉強も就職も子育ても、人生は面倒の連続です。

保育者が子どもを楽しませてくれるお楽しみ会のような保育でも、先生のいうとおりに、毎日何かをさせられる保育でも、子どもの生きる力は育ちません。

意図を持った遊び中心の保育では、誰からも強制されていないのに、縄跳びを何百回も飛ぶ子どもや、クラス全員がけん玉の「もしかめ」ができるなどが見られます。子どもはやりたいと強く願い、取り組み続ける時間がたっぷりとあれば、達成してしまうのです。そこでは、自分で目標を決め、あきらめずに挑戦し続ける経験ができます。

乳幼児は本来学ぶことが大好きです。**面倒がらない心と体を育む保育のあり方**を探し続けていきたいものです。

乳幼児期の遊びでは、
感覚・運動を伴うことが重要

学童期	集中力・自己抑制・抽象的思考
幼児期	コミュニケーション・目的を持った活動
乳児期	身体・情緒の安定・愛着・注意
	感覚の統合 （視覚・聴覚・触覚・前庭覚・固有受容覚）

＊ 図はエアーズ（1982）を参考に著者作成。

環境構成のポイント3

のびやかな心を育む

今、0・1・2歳児のクラスに通う子どもの人数が全国的に増えています。

この時期の子どもは、家庭では保護者と子どもで生活しています。同じ年齢の子どもが多人数で、さらに大人も複数いる園という環境は子どもにとって特殊です。

集団の規模が大きい場合には、一人ひとりに対応した保育ができにくいため、大人も子どももストレスがたまりがちです。

保育所保育指針には、3歳未満児の保育にかかわる配慮事項として、「食事、排泄、睡眠、衣類の着脱、身の回りを清潔にすることなど、生活に必要な基本的な習慣については、一人ひとりの状態に応じ、落ち着いた雰囲気の中で行うようにし、子どもが自分でしようとする気持ちを尊重すること」とあります。待たせない、急がせない環境、ひとり遊び、平行遊びができる環境をつくりましょう。

園庭に保育者が穴を掘ると、子どもが入ったり山に登ったりする。和光保育園（千葉・富津市）

待たせない食事風景

保育室で食事をするときも、準備ができた子から「いただきます」。あそんでいたい子どもは、そのまま遊びを続けている。3月に1歳のクラスから2歳の部屋へ移って3日目の食事の様子。和光保育園（千葉・富津市）

待たせない、急がせない環境

空間を上手に分け、グループで食事をする

遊びの空間、食事の空間、午睡の空間を上手に仕切り、グループ別に食事をするのもひとつの方法。陽だまりの丘保育園（東京・中野区）

自分で食事スペースへ来る

朝食の時間は個人差が大きい。おなかが空いて自分で食事に来た子どもたちは意欲的に食べる。こまつ保育園（静岡・浜松市）

トイレはその子が「行きたい」ときに

排泄は、一人ひとりのタイミングで行うのが基本。保育者は子どもをよく見て、そのサインを見つけ、子どもが自分でできない部分を手伝う。やまぼうし保育園（兵庫・宝塚市）

0・1・2歳児では、「待たせない」「急がせない」保育をすることが基本。一斉に排泄をさせたり、全員が揃ってからいただきますをするのは、0・1・2歳児の発達には合いません。発達に合わないことをさせようとすると保育者はほめたり急がせたり待たせたりと、とても大変です。

遊びの中でその子のリズムに合わせてトイレに誘う、準備ができた子からいただきますをするなど、時間の環境を変えることができます。

子どもが自分の世界で のびのびと遊べる環境

遊びの環境では、発達段階に合わない一斉活動をさせていないか、子どもの人数に合わせて素材や道具をたっぷりと揃えているか、まずは見直してみましょう。

０・１・２歳児は、ひとり遊び、平行遊びが基本です。この時期の子どもは、ひとりで遊びながら（あるいは平行遊びをしながら）、じっくりと自分の世界をつくり上げていきます。

自分自身の内側に豊かな世界を築けた子どもは、想像力、思考力の土台を持つことができ、思いやりの心が育ち、その後、友達と仲よく遊ぶことができます。

集団で遊ぶのは、３歳半以降。１・２歳の時期に、友達からいつも遊びのじゃまをされたり、集団の活動を強制されたりすると、かえって集団になじめない子どもをつくってしまうことになるので、注意が必要です。

玩具は手の届くところに置き、十分な数を用意するなど、環境の工夫で、子どもは順番や交代を要求されることなく、自分の世界でのびのびと遊ぶことができます。

遊びの素材、道具は人数分用意して 子どもが選べるように配慮

手の届く高さの棚に遊びの素材を並べる、人数に合わせて十分な数を用意する、好きなものが選べるように選択肢の幅を広げる、ひとり遊びがじゃまされないように空間を仕切るなど、さまざまな工夫が随所に見られる。このような環境があれば、主体的な遊びが自然に始まる。

写真／なごみこども園（静岡・浜松市）

笑顔でかかわる

園庭で子どもと相撲ごっこで遊ぶ。和光保育園（千葉・富津市）

子どもにとって人的環境となる保育者のあり方も、大きく影響します。

保育者は、子どもがしていることをよく見る、必要な環境を整える、子どもの気持ちに寄り添う、子どもにほどよく適度に応え、ちょうどいいかかわりを持てるようにしたいものです。

とはいえ、前述した時間の環境、物的な環境が整っていなければ、笑顔で保育などできるはずがありません。

もし、子どもとかかわっているときに、イライラしたりキリキリしてしまったら、「私はダメだ」「保育者に向いてない」と自分を責める前に、物的環境を見直してみましょう。

環境が整うと、豊かな遊びが生まれ、子どもだけでなく、保育者の笑顔も増えてきます。

時間と物が、かかわりの土台

豊かな保育者の
かかわり
物的・時間的環境

環境構成のポイント4

よく考える頭を育てる

0・1・2歳児は身体を使って環境を探索し、直接自然や物や人とかかわる体験によって、自分の周囲の環境を理解していきます。

子どもたちは、環境とのかかわりの中で、「よく観察する」「予測をする」「仮説を立てて検証する」「関連づける」といった科学者と同じ思考を使っています。

そのため、0・1・2歳児の環境は、子どもがじっくりと環境を探索できる時間と空間をつくることがポイントです。特に0・1・2歳は同じことを何度もくり返して新しい能力を獲得する時期です。また子どもによって発達が大きく異なる時期ですから、保育者の指示による一斉活動よりも、自由に環境を探索する遊びのほうが学習は効果的です。

子どもたちは、探索の中で、観察・情報収集する能力、粘り強さ、判断する力、想像・創造力などを獲得しています。これらが生涯の思考力の土台になるのです。

大人はひらがなが読めるなど、知識を早く多く得ることに注目しがちですが、子どもが幸せに生きるためには、知識を活用する思考力を育む必要があります。

全身を使って砂場で遊ぶ子ども。遊びながら、科学者と同じ思考を使っている。和光保育園（千葉・富津市）

秩序・リズムのある環境

壁の飾りが遊びへの集中力を高める
整理整頓された棚の上には極力、物を置かず、壁もシンプルに絵本を飾るだけ。日野の森こども園（兵庫・西宮市）

分ける、比べる、順序づけるなどの行為は、論理性の基礎といわれます。棚に種類別にわかりやすく玩具が並べられている保育室では、子どもたちは、種類、大きさや高さ、位置などを自然に意識するようになります。

反対にままごとのおもちゃを、箱の中に全部まとめて入れるいわゆる〝ゴミ箱保育〟では、子どもは簡単に片づけられるため、種類や数を意識することができません。

0・1・2歳児クラスでも適度に秩序とリズムのある環境をつくってみましょう。

秩序を好む時期を意識した空間
秩序を好む時期という子どもの発達を考え、棚に色別にセットして整理。日野の森こども園（兵庫・西宮市）

注意深く手を使う手作り玩具
発達に合うと子どもは集中。子どもがすぐに手に取りやすいよう、わかりやすくシンプルな玩具を手作りする。日野の森こども園（兵庫・西宮市）

遊びが広がるごっこ遊びの空間
見立て・つもり・ごっこ遊びは、思考力の土台。子どもが発想や遊びを広げることができる空間を準備。陽だまりの丘保育園（東京・中野区）

ひとり遊び、並行遊びを保障する

子どもの行動を予測してつくられた空間

並行遊びが生じやすい空間。見通しがきく空間では、子どもたちはほかの子どものまねをする。あおぞら第2保育園（沖縄・南城市）

ひとり遊び、並行遊びの時期は同じ色と形の物を用意する

順番待ち、交代ができるのは4・5歳になってから。玩具や遊びの素材は多数用意しておくように心がける。あおぞら保育園（沖縄・南城市）

ひとり遊び、並行遊びをする0・1・2歳児のこの時期は、子どもがじっくり遊べる環境を整えることが大切です。空間はゆるやかに区切り、ひとつの場に子どもが混み合いすぎないように配慮しましょう。並行遊びを意識して、玩具は同じものを複数準備し、子どもが「おんなじね」と共感できるようにします。

　みんなで一緒に遊ぶことや、友達と順番で仲よく遊ぶことを求められると、自分の遊びを広げる経験ができません。1・2歳で自分の世界を大きく広げた子どもは、3歳以上児で相手の世界を大切にできる子どもになります。

　遊びの中断やトラブルが多い場合には、玩具の量や空間の種類を増やしてみましょう。

玩具としても活用できる手作りの間仕切りで工夫

じゃばらタイプの仕切りは、「いないいないばあ」ができるなど、子どもが遊べる工夫が施されている。大徳学園（石川・金沢市）

ひとり遊びが必要な子どもには壁と机、仕切りを活用

壁に向かって机を配置したり、棚を使って小さな空間をつくる。じゃまされることなく、遊びに集中。日野の森こども園（兵庫・西宮市）

応答的にかかわる

遊びの世界を共有する
多様な子どもたちと、遊びの世界を共有し、応答的にかかわることは、保育者ならではの高度な技術。あおぞら保育園（沖縄・南城市）

子どもたちが、環境とじっくりとかかわり、さまざまな学習をするには、保育者のかかわりも大切。保育者が一斉に何かをさせる時間が多いと、子どもの学習時間が少なくなります。

子どもが自分で遊び込む環境をつくったうえで、子どもが遊びに集中しているときには静かに見守り、承認を求めてふり返ったら笑顔や言葉で答えましょう。

1・2歳児クラスの保育者は、子どもの遊びの世界のモデルになったり、遊びを広げたりすることもできます。お鍋を触りながら「アチチ」というなど、子どものイメージを豊かにするような言葉を使ってみましょう。

思考力を育む0・1・2歳児とのかかわり

よい

- 環境をつくり、遊び、ほどよいかかわりをする
- 必ず子どもと目を合わせて応答する
- 見立てやつもり遊びの世界を共有することができる

見直しましょう

- 大きな声で引きつけ、いつも何かさせようとする
- 声をかけすぎる
- 3歳以上児の先取り教育を0・1・2歳でさせようとする
- ひらがな、数字など知識を教え込む

COLUMN

TAKAYAMA's eye

意欲を引き出す環境をつくる

動機づけ理論では、**自律性・有能感・関係性**といった欲求が充足されるときに、人はイキイキと意欲を発揮するといいます。Deci&Ryan(2000)*

保育の環境をつくる際にも、この3つを意識しておくと良いかもしれません。子どもが自分で決め行動できる環境をつくる、子どもがうまくできる、できたと感じられる環境をつくる、友達や先生とのつながりやかかわりを感じられる環境をつくるということです。

集団の保育で最も難しいのは**有能感を充足する環境**だと思います。子どもの強みと発達段階はそれぞれに違います。人数が多いほど強みの把握と子どもに合った環境を考えることは複雑になります。

しかし、人数が多くて大変だからと、下図のような大人がいると、子どもは意欲を発揮できず能力の獲得も妨げられてしまいます。

このような状態になっている場合には、まず乳幼児の発達を再学習する機会を持つようにしましょう。発達を理解している保育者は、過保護や過干渉には陥りにくいものです。適切な環境を構成するには、発達を理解し、保育の原理、方法や内容に関する専門知識が必要です。

子どもの発達に合った環境をつくれば、子どもたちが遊び込むため、保育者はゆったりと子どもを見守ることが増えます。**時間の環境をゆるやかに**すれば、子どもを急がせたり、待たせたりしなくて良いため、声も枯れません。子どもたちがお互いに助け合い、力を貸し合う行動も促されます。行動の遅い子どもや、理解に困難を抱える子どもが、疎外感や不安感、ストレスを感じる機会も減るでしょう。

多様な環境を準備することで、子どもたちが、それぞれの違いや長所に気づき、それらを認める機会をつくることができます。

環境を充実させて、保育者と子どもの関係が変わると、子どもが情緒的に安定するだけではありません。子どもの学びは、安心とリラックスした環境の中で促されます。学びの環境としても質が高まり、子どもたちの学習も促進されるのです。

空間、素材・道具、時間、人的環境が、自律性・有能感・関係性を支えている

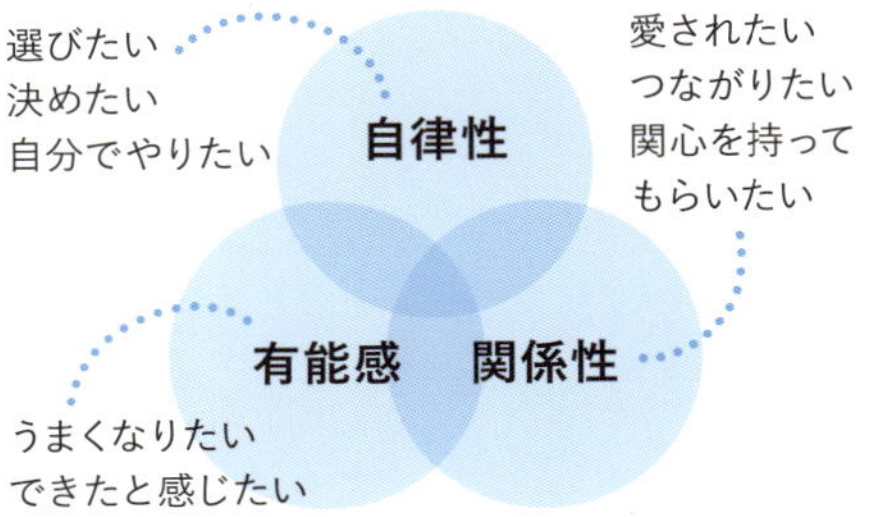
選びたい
決めたい
自分でやりたい
自律性
愛されたい
つながりたい
関心を持って
もらいたい
有能感
関係性
うまくなりたい
できたと感じたい

子どもの育ちを妨げる大人

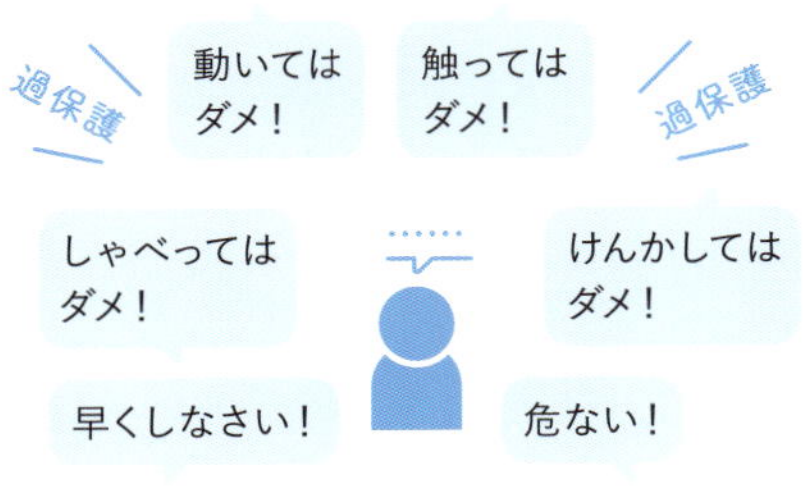
過保護
動いては
ダメ!
触っては
ダメ!
過保護
しゃべっては
ダメ!
けんかしては
ダメ!
早くしなさい!
危ない!

＊ 参考資料はP119に記載

2

保育者の立ち居振る舞い

保育者の笑顔は子どもの安心

先生の笑顔は子どもの意欲と食欲の源。

なごみこども園に併設されている子育て支援のひろばにて。笑顔で保護者の対応をする保育者。

保育者は、和やかに会話を交わしながら子どもと一緒に給食を食べる。

保育者は子どもの安心基地

0・1・2歳の子どもは、周囲の探索が「学び」です。子どもが探索するときに、保育者は子どもの「安心基地」の役割を果たします。

保育者が笑顔で見守ってくれることで、子どもは安心して探索し学習できます。

保育者以外の園で働く大人も大切な環境

園で働く保育者以外の大人も、大切な人的環境。栄養士、調理師、看護師、事務や用務のスタッフなど、できるだけ多様な大人とかかわれる環境を、意図的につくることが大切です。

静岡・浜松市のなごみこども園では、栄養士の先生が子どもたちに給食に出る野菜についての話をしていました。穏やかな笑顔と語り口に、子どもたちは興味津々。みんな集中して耳を傾け、積極的に質問をしていました。

写真／なごみこども園（静岡・浜松市）

服装や動き

保育者は子どもの安心基地です。

　そのため、バタバタ動き回るよりも、落ち着いてすわっている方が、子どもは、安心して探索ができます。

　また、食事の場面でも、保育者が落ち着いてすわっていることで、子どもは食事に集中することができます。

　保育者は、服装で、子どもの手がかりをつくります。

　たとえば、公園で元気に遊ぶときには、原色の服を着ることで、子どもにわかりやすく、イキイキとした活動を助けます。

　食事の場面では、保育者がエプロンをつけることで、子どもは食事が始まることを理解します。

　保育者の服装や動き方は、子どもの人的環境です。また、服装や動き方によって、単なる託児とは異なる専門性を保護者に示し、保護者の信頼を得ることができます。

すわったり、丁寧に動いて援助ができる“動線”を考慮しましょう

0歳児クラスでは仕切りを作って、落ち着いた環境のもと順番に食事をとる。

3・4・5歳児の異年齢クラスは、子どものロッカーを廊下に設置。子どもの動線が考えらている。

保育室に仕切りを設置して、遊ぶ場と生活の場（受け入れの場）を隔てると、保護者の動線が変わる。

保育者は遊びの空間を、食事の空間と午睡の空間へとゆるやかに変えて援助する。

話し方

保育者は、服装、表情や言葉、動き方を変えて、場を演出することができます。いきいきとした活動では、ハキハキ話し、キビキビ動きます。反対に落ち着いた場面では穏やかにやさしく話し、ゆっくり動きます。

職員集団が気持ちよく仕事ができるには園長先生のマネジメントも重要。園長先生と保育者の関係は、保育者と子どもの関係に影響を与えます。

子育て支援の空間でも、エプロンをつけずに保護者と同じような服装でくつろいだ雰囲気で気軽に相談を受ける（保育者は右側）。

園長先生と職員がくつろいだ雰囲気で打ち合わせをする。

プロとして、肯定的な言葉を選んで話すことが大切です

廊下を走っている子どもに。

✕ そんなことをしたらカッコ悪いな

〇 廊下はゆっくりと歩こうね

食事中に立って歩きながら食べている子どもに。

✕ ほらほらどこ行くの！

〇 いすにすわって食べようね

お昼寝の時間に騒いでいる子どもに。

✕ いいかげんにしなさい

〇 さあ、目をつぶってみようか

靴がうまく履けなくて、かんしゃくを起こしている子どもに。

✕ 泣かないで、がんばりなさい

〇 くやしいね。一緒にやってみようか！

 写真／なごみこども園（静岡・浜松市）

おわりに

お読みいただき、ありがとうございました。

私は、日本の保育実践を研究しています。

環境を工夫する園では、子どもたちも保育者も、穏やかで幸せそうでした。子どもに寄り添う保育者の姿は美しく、その話を聞くたびに、子どもを信じる保育者にあこがれを抱きました。

経験の長い保育者の代弁や解説は、私にはとてもできません。コラムなどでは、保育の専門家が、適切な環境を考える際に、活用できる理論の説明を心がけました。


保育の現場では、長時間保育、クラス規模の増大など、問題は山積しています。しかし、子どもの育ちと保護者の幸せを支えようと日々尽力される保育者の姿を見るとき、保育の未来は明るいと感じます。

この本は、各園の実践の素晴らしさで成り立っています。編者は私ですが、実践はすべて各園、各保育者の知的財産です。貴重な実践の写真の掲載を許可いただいた保育者の皆様、子どもたちの写真の掲載を許可いただいた保護者の皆様に、心より感謝を申し上げます。


本書は、２０１４～16年に『新　幼児と保育』『０・１・２歳児の保育』に掲載された記事を再構成し、修正・加筆を行ったものです。

連載の機会をいただいた小学館の『新　幼児と保育』『０・１・２歳児の保育』の宮川勉編集長、ライターの神崎典子さん、編集者の村上奈穂さん、カメラマンの藤田修平さん、丸橋ユキさん、山本まりこさんに、心より感謝申し上げます。

引用・参考文献

C・カミィ、加藤泰彦、ピアジェの構成論と幼児教育Ⅰ物と関わる遊びをとおして　大学教育出版　2008
D・G・シンガー・J・L・シンガー　遊びがひらく想像力　新曜社　1997
Edward L. Deci and Richard M. Ryan　The "What" and "Why" of Goal Pursuits: Human Needs and the Self-Determination of Behavior
Psychological Inquiry　Vol. 11, No. 4, pp. 227-268　2000
J・M・ケラー　学習意欲をデザインする　北大路書房　2010
OECD教育研究革新センター　学習の社会的成果　明石書店　2008
OECD教育研究革新センター　個別化していく教育　明石書店　2007
OECD教育研究革新センター　脳からみた学習　明石書店　2010
R・ギフォード　環境心理学～原理と実践（下）　北大路書房　2007
R・ギフォード　環境心理学～原理と実践（上）　北大路書房　2005
あんず幼稚園　きのうのつづき：「環境」にかける保育の日々　新評論　2012
イラム・シラージ、デニス・キングストン、エドワード・メルウィッシュ　「保育プロセスの質」評価スケール　明石書店　2016
岩崎清隆　発達障害と作業療法基礎編　三輪書店　2001
ウォルター・ミシェル　マシュマロ・テスト―成功する子・しない子　早川書房　2015
内田伸子・浜野隆　世界の子育て格差―貧困は超えられるか？　金子書房　2012
エアーズ　子どもの発達と感覚統合　協同医書出版社　1982
大豆生田 啓友　「子ども主体の協同的な学び」が生まれる保育　学研　2014
大藪泰・田中みどり・伊藤英夫　共同注意の発達と臨床　川島書店　2004
テルマハームス・デビィクレア・リチャードM・クリフォード　保育環境評価スケール1幼児版　法律文化社　2008
テルマハームス・デビィクレア・リチャードM・クリフォード　保育環境評価スケール2乳児版　法律文化社　2004
トーマス・アームストロング　マルチ能力が育む子どもの生きる力　小学館　2002
ドミニク・S・ライチェン、ローラ・H・サルガニク　キー・コンピテンシー　明石書店　2006
ハワード・ガードナー　多元的知能の世界―MI理論の活用と可能性　日本文教出版　2003
ルソー　エミール　中央公論社　1966
羽生和紀　環境心理学　サイエンス社　2008
国立教育政策研究所　教育の効果について　平成26年12月3日教育再生実行会議第三分科会資料
佐古順彦・小西啓史　環境心理学　朝倉書店　2007
斎藤公子　ヒトが人間になる　太郎次郎社　1984
笹原麻鈴　幼児期における子どもの「書き言葉」を育む教材の研究 東洋大学ライフデザイン学部子ども支援学専攻卒業論文要旨集　2016　pp57-58.
鈴木まひろ、久保健太　育ちあいの場づくり論―子どもに学んだ和光の保育・希望編　ひとなる書房　2015
鈴木秀弘、森眞理　響きあういのちの躍動―子どもに学んだ和光の保育・葛藤編　ひとなる書房　2015
全米乳幼児教育協会、S・ブレデキャンプ、C・コップル　乳幼児の発達にふさわしい教育実践　東洋館出版社　2000
高橋たまき・中沢和子・村上史朗　遊びの発達学展開編　倍風館　1996
高山静子　環境が発揮する保育所の教育的機能 保育所における教育的機能に関わる実証的考察とその活用
財団法人子ども未来財団平成21年児童関連サービス調査研究等事業報告書　2009　pp.31-61.
高山静子　キー・コンピテンシーを育む幼児教育のあり方　ライフデザイン学研究東洋大学ライフデザイン学部　2017　pp89-103.
高山静子　環境構成の理論と実践　エイデル研究所　2014
高山静子　0歳から就学前の子どもの発達に則した保育内容体系化の試み　日本保育学会研究発表論文集　2015
高山静子・今井豊彦・園藤弘典・岩井久美子　保育所における養護技術の抽出と活用に関する研究
財団法人子ども未来財団平成22年児童関連サービス調査研究等事業報告書　2010
三嶋博之　エコロジカル・マインド～知性と環境をつなぐ心理学　日本放送出版協会　2000
柴田義松　ヴィゴツキー入門　子どもの未来社　2006
松岡武　色彩とパーソナリティ　金子書房　1995
松田 隆夫　知覚心理学の基礎　培風館　2000
正高信男編　赤ちゃんの認識世界　ミネルヴァ書房　1999
谷口優佳　自制心を育む遊びについての研究 東洋大学ライフデザイン学部子ども支援学専攻卒業論文要旨集　2016　pp51-52.
町沢静夫・吉本隆明　遊びと精神医学―こころの全体性を求めて　創元社　1986
田中昌人・田中杉恵　子どもの発達診断（乳児前・後半・幼児Ⅰ Ⅱ）　大月書店
田中敏隆　子供の認知はどう発達するのか　金子書房　2002
田中敏隆・田中英高　知能と知的機能の発達　田研出版　1988
田島信元・子安増生・森永良子・前川久男・菅野敦　認知発達とその支援　ミネルヴァ書房 2002
日本学術会議　子どものこころ特別委員会報告書 子どものこころを考える―我が国の健全な発展のために―　第19期日本学術会議子どものこころ特別委員会　2005
無藤隆・古賀松香　社会情動的スキルを学ぶ「保育内容人間関係」乳幼児期から小学校へつなぐ非認知能力とは　北大路書房　2016
禿美沙子　モンテッソーリ教育理論と実践言語教育　学習研究社　1981
松下佳代　新しい能力は教育を変えるか　ミネルヴァ書房　2010
宮内博実　Graduate School of Design//Color Design course Textbook　宮内博実　2009
宮内博実　毎日が楽しくなる色の取り扱い説明書　かんき出版　2006
森敏昭　21世紀の学びを創る 学習開発学の展開　北大路書房　2015
湯汲英史　子どもが伸びる関わりことば26―発達が気になる子へのことばかけ　鈴木出版　2006
和光保育園　2010年版 わこう村ガイドブック わこう村　2010
和光保育園　保育課程　和光の保育理念・保育方針ガイドブック　2010

高山静子（たかやましずこ）

東洋大学　福祉社会デザイン学部　教授

保育と子育て支援の現場を経験し、平成20年より保育者の養成と研究に専念。平成25年4月より現職。九州大学大学院人間環境学府単位取得満期退学。教育学（博士）。研究テーマは、保育者の専門性とその獲得過程。著書に『環境構成の理論と実践』（エイデル研究所）『子育て支援ひだまり通信』（チャイルド社）他。

アートディレクション　石倉ヒロユキ
デザイン　和田美沙季（regia）
編集　神崎典子
村上奈穂、宮川 勉（『新 幼児と保育』編集部）
撮影　藤田修平、丸橋ユキ、山本まりこ、高山静子
イラスト　大枝桂子
校正　松井正宏

＊本書は、2014～16年に『新 幼児と保育』『0・1・2歳児の保育』に掲載された記事を再構成し、修正・加筆を行ったものです。

幼稚園・保育園・認定こども園の環境構成

学びを支える保育環境づくり

2017年　5月22日　初版第1刷発行
2024年　10月 7 日　第7刷発行
著者　高山静子
発行人　北川吉隆
発行所　株式会社 小学館
〒101-8001　東京都千代田区一ツ橋2-3-1
電話　編集 03-3230-4713　販売 03-5281-3555
印刷所　大日本印刷株式会社
製本所　株式会社若林製本工場

　ISBN978-4-09-840182-6